LÄSTIGE ZEUGEN?

Tonbandgespräche mit Opfern der Stalinzeit

Mitteldeutscher Verlag
Halle · Leipzig

ISBN 3-354-00675-7

Lizenz-Nr. 444–300 · LSV 7002
Printed in the German Democratic Republic
Buchgestaltung: Jörg Brosig, Gruppe ›typos‹
Gesamtausstattung: Druckhaus Aufwärts, Leipzig–III/18/20
Best.-Nr. 639 614 3

»Ich sah, daß unsere Welt hinter Gittern, die Welt der Erniedrigten und Beleidigten und Erschossenen, nur ein winziger Tropfen im Meer des Lebens war, nur eine ganz kleine Welt. Und daß das Leben weiterging, ungeachtet aller Greuel, die das Schicksal uns vorbehalten hatte. Das Leben ist allmächtig!«

Anna Larina Bucharina
in ihrer Autobiographie

Zu diesem Buch

Ich bin den ersten Rückkehrern aus der Sowjetunion, die ›Zivilinternierte‹ genannt wurden, schon bald nach 1945 begegnet. Damals arbeitete ich als Redakteurin bei der Zeitschrift »Neue Heimat«, die von der Zentralverwaltung für Umsiedler herausgegeben wurde. Diesem Amt oblag seinerzeit die gewaltige, kaum lösbare Aufgabe, Millionen Menschen aus den verlorenen Ostgebieten bei uns, in der damaligen sowjetisch besetzten Zone, anzusiedeln, ihnen eine neue Heimat zu geben. Von dieser Völkerwanderung armer, erschöpfter Menschen kann man sich heute kaum noch eine Vorstellung machen. Die Städte lagen in Trümmern; auf den Dörfern fehlte es an Geräten, mit denen man den Acker bearbeiten konnte, und an Saatgut. Das Land war bitterarm, und es sollte nun noch die Ärmsten der Armen, die außer dem Hab und Gut auch ihre Heimat verloren hatten, bei sich aufnehmen, ihnen ein Obdach geben und eine Arbeit, die nach Möglichkeit ihrem Können entsprach.

Die Umsiedlung begann etwa 1946 und war zwei Jahre später nahezu abgeschlossen. Während dieser Zeit reiste ich kreuz und quer durch das Land, um über die Probleme der Umsiedler berichten zu können, um sowohl gute als auch schlechte Beispiele anzuführen. So schrieb ich über die Spitzenklöpplerinnen aus dem ehemaligen Sudetenland, die an ihrem neuen Wohnort Grünheide schon eine Genossenschaft gegründet hatten, wie über engstirnige Bürgermeister und Bauern, die sich halsstarrig weigerten, Umsiedler aufzunehmen. Und eines Tages erhielt ich den Auftrag, über die Umsiedlung von Zivilinternierten zu berichten, die, aus der Sowjetunion kommend, mit einem Rotkreuzzug von Frankfurt/Oder nach Pirna transportiert werden sollten. So kam es zu meiner ersten Begegnung mit jungen Mädchen und Frauen, die aus einem sowjetischen Straflager kamen, von weit her im nördlichen Rußland, aus dem Komi-Gebiet, wo sie in einem Sägewerk gearbeitet hatten.

Wenn ich heute meinen Bericht wieder lese, der in der »Neuen Heimat« des Jahrgangs 1948 veröffentlicht wurde, wundere ich mich über meine damalige Naivität. In dem Gespräch, das ich mit den Frauen führte, ist vom Beerenreichtum Sibiriens die Rede, von den intensiven Sommern des Komi-Gebietes, die die vielfältigsten Früchte hervorbrächten, von der Mitternachtssonne, dem Nordlicht, vom Flößen des Holzes auf dem Fluß... Haben die Frauen wirklich nichts anderes von Sibirien erzählt? Doch, die Arbeit sei hart und ungewohnt gewesen, heißt es an einer Stelle meiner Reportage; vor allem habe ihnen das Arbeiten im Freien bei 40 Grad minus zu schaffen gemacht. Aber sie bereuten es alle nicht, dies kennengelernt zu haben, es sei auch schön gewesen dort oben im Norden, betonten sie einstimmig.

Habe ich in meiner Reportage gelogen? Nein,

diese Frauen, die mir da halb verschüchtert, halb verängstigt in ihren dicken Wattejacken und den Filzstiefeln gegenübersaßen, haben mir wirklich nicht mehr von ihren Erlebnissen erzählt, die sie gerade hinter sich hatten. Aber hätte ich sie nicht dringlicher befragen müssen? Sie kamen aus Ostpreußen, wohin sie nicht zurückkehren konnten; für mich waren sie also Umsiedler, die eingegliedert werden mußten. Habe ich mich gar nicht gefragt, warum und auf welche Weise sie nach Sibirien gekommen waren? Sie selber schwiegen darüber, wie ja auch die noch geschwiegen haben, die erst später, in den fünfziger Jahren, aus der Sowjetunion zu uns kamen. Sie sollten schweigen, diese lästigen Zeugen eines himmelschreienden Unrechts, das in der Stalinzeit hatte geschehen können. Auch die Emigranten, die gleich nach 1945 aus der Sowjetunion zurückkehrten, hatten über ihre bedrückenden Erlebnisse in den dreißiger Jahren geschwiegen, als so viele aus ihrer Mitte in irgendwelchen Lagern verschwanden. Und wir Antifaschisten, die in Nazi-Deutschland gelebt hatten, waren ahnungslos. Wir hatten nie etwas von den Moskauer Schauprozessen gehört und auch nichts von der Existenz von Straflagern in der Sowjetunion, und noch viel weniger hätten wir ahnen können, daß sich unter den Verbannten und Gefangenen viele überzeugte Kommunisten befanden. Vielleicht haben die Nazi-Zeitungen, der »Völkische« oder der »Angriff«, über diese Lager berichtet. Es ist anzunehmen, daß sie es taten, aber ich weiß es nicht, denn wir lasen diese Erzeugnisse nicht. Und falls wir im ausländischen Sender derartiges hörten, so taten wir es als antikommunistische Hetze ab. In der Sowjetunion, so glaubten wir Antifaschisten, war es unmöglich, daß unschuldige Menschen verhaftet wurden; das erste sozialistische Land war für uns tabu.

Wenig später arbeitete ich als Redakteurin an einer anderen Zeitschrift. Sie hieß »Die neue Gesellschaft«, und sie stellte sich die Aufgabe, ihre Leser über die Geschichte und den Alltag in der Sowjetunion zu informieren. Es war nicht einfach für uns, geeignete Autoren zu finden, und als meine einzige Kollegin in der Redaktion einmal beiläufig erwähnte, daß sie die Sowjetunion aus eigenem Erleben kennengelernt habe, fragte ich sie erstaunt, warum *sie* denn nichts schreibe? Doch sie schüttelte den Kopf. »Ich war lange in Sibirien«, erklärte sie mir, »im Straflager.« – Es war Susanne Leonhard, mit der ich sprach. Sie ist eines Montags nicht mehr in der Redaktion erschienen, und wir erfuhren erst nach Tagen, daß sie zusammen mit ihrem Sohn Wolfgang nach Jugoslawien gefahren ... oder besser geflohen war. Viele Jahre später hat sie in der Bundesrepublik ein Buch veröffentlicht, in dem sie ihre Erlebnisse in Sibirien geschildert hat.

Mitte der fünfziger Jahre kam Trude Richter zu uns zurück. Sie hatte zwanzig Jahre im hohen Norden Sibiriens, in Magadan, verbracht; Anna Seghers hatte sich für ihre Freilassung eingesetzt. Ich kannte Trude schon aus den dreißiger Jahren, zusammen hatten wir dem »Bund proletarisch-revolutionärer Schriftsteller« angehört. Nach dem Verbot des Bundes 1933 arbeiteten wir illegal, und oft trafen wir uns in Trudes kleiner Wohnung in Berlin-Reinickendorf zur theoretischen Schulung. Ich erinnere mich noch deutlich an unser letztes Zusammensein. Trude, die sonst immer ruhig und beherrscht war, schien unkonzentriert und mit ihren Gedanken weit weg. Endlich erfuhren wir den Grund ihrer Zerfahrenheit: schon morgen wolle sie in die Sowjetunion fahren, und sie stecke noch mitten in den Vorbereitungen, habe längst nicht alle Koffer gepackt. Wir anderen beglückwünschten sie herzlich, wußten wir doch, daß sie einen besonderen Grund zur Freude hatte. Sie reiste auch zu ihrem Lebensgefährten Hans Günther, der schon seit längerer Zeit in Moskau lebte und arbeitete.

Wir hörten dann nichts mehr von Trude, alle die Jahre hindurch. Und was sie nach ihrer Rückkehr erzählte – sie sprach darüber nur zu ihren engsten Freunden –, erschien uns zunächst unfaßbar. Sie sei unter der falschen Anschuldigung des Trotzkismus, sagte sie, ohne vorherige Gerichtsverhandlung, ohne richterliches Urteil nach Sibirien verschickt worden, wo sie zunächst als Strafgefangene, dann als Verbannte zwanzig Jahre ihres Lebens habe verbringen müssen. Hans Günther, der zusammen mit ihr verhaftet wurde, hatte schon die Strapazen des Transportes nicht überlebt. Trude hat später ihre Memoiren geschrieben und diese zur Aufbewahrung dem Parteiarchiv übergeben; damals rechnete sie nicht mit einer Veröffentlichung. Erst kürzlich war es möglich, ihre Erinnerungen vollständig in Buchform herauszubringen.

Auch in der kurzen Tauwetter-Periode unter

Chrustschow gab es Lagerberichte. Aber wir konnten sie uns stets nur auf Schleichwegen verschaffen, weil sie nicht bei uns veröffentlicht wurden, sondern in der Bundesrepublik, wo sie oft einen antikommunistischen Anstrich hatten. Die Betroffenen aber, die nach ihrer Befreiung bei uns lebten, sind keine Antikommunisten. Mit einigen habe ich gesprochen. Ihre Liebe gehört nach wie vor der Sowjetunion, also den sowjetischen Menschen, denen sie oft sogar ihr Überleben verdanken. So hat die Erinnerung an die Lichtpunkte menschlicher Hilfsbereitschaft, von denen sie alle erzählen, allmählich die düsteren Ereignisse aus ihrem Gedächtnis verdrängt, und es wird ihnen immer schwerer, darüber zu sprechen. Auch wurden sie allzu lange zum Schweigen – zum Verschweigen – angehalten. Zunächst müsse die Sowjetunion mit ihrer Vergangenheit abrechnen, hieß es oft. Inzwischen, dank Gorbatschow, tut sie dies. Daher ist es an der Zeit auch für uns, jene Männer und Frauen zu Wort kommen zu lassen, die Opfer der Stalinzeit wurden und denen endlich volle Gerechtigkeit zuteil werden muß.

Ich widme mein Buch auch allen jenen unter den Opfern, denen es nicht mehr vergönnt ist, die Erneuerung des Sozialismus mitzuerleben, die uns mit so großer Hoffnung erfüllt und die eine Wiederholung so tragischer Ereignisse, wie sie sie erfahren mußten, für alle Zeiten unmöglich macht.

Elfriede Brüning
Im Dezember 1989

Familie Gles

Sally

Es mag sein, daß ich heute, wenn ich nach fast sechzig Jahren an meine kurzen Begegnungen mit S. Gles zurückdenke, manches beschönige. Erinnerung, zumal wenn es sich um die an unsere Jugend handelt, verklärt ja vieles. Und wir waren damals alle ganz jung, kaum über zwanzig: Lotte, meine ehemalige Schulkameradin und die einzige aus unserer Klasse, die wie ich ›linksorientiert‹ war; Martin, der rote Student, der von der Universität relegiert worden war; Sally Gles und ich. Gles war angehender Schriftsteller. Ich kann heute nicht mehr genau sagen, wo wir uns kennengelernt haben, war es in einer Versammlung vom »Bund proletarisch-revolutionärer Schriftsteller«, in der Masch (Marxistische Arbeiter-Schule), wo Gles trotz seiner Jugend schon Vorträge hielt, oder einfach in einem der Redaktionsräume der Münzenberg-Presse, für die wir beide hin und wieder Beiträge lieferten. Gles stellte, wie alle Anfänger, hohe Ansprüche an die Literatur, aber auch an sich selbst. Lotte wollte Architektur studieren, Martin die Physik. Alle vier waren wir Mitglied der KPD, demonstrierten Schulter an Schulter mit den Arbeitern »Für Freiheit und Brot« und »Für die Freilassung der politischen Gefangenen«, hofften auf die Revolution. Die Atmosphäre gegen Ende der Weimarer Republik war explosionsgeladen. Sieben Millionen Arbeitslose zählte das Land, und die Unterstützung der Ärmsten der Armen wurde immer weiter gekürzt. Der Notverordnungs-Kanzler Brüning trat zurück und wurde von Franz v. Papen abgelöst, dieser später von Schleicher.

Es muß etwa im Vorfrühling gewesen sein – vielleicht war es sogar zu Ostern –, als wir vier beschlossen, für ein Wochenende nach Gosen zu fahren, in ein Dorf, das uns von früheren Fahrten mit der Fichte-Wandergruppe schon gut bekannt war. Wir wollten mit dem Faltboot hinüberpaddeln. Ich weiß noch, daß das Wetter es nicht gut mit uns meinte. Es schien, als hätte der Winter noch einmal Einzug gehalten. In der letzten Nacht hatte es sogar geschneit, immer noch fiel Graupelregen, und dünne Eisschollen trieben auf dem Zeuthener See, die aber schon bei der geringsten Berührung durch unsere Bootsspitze zerbrachen, so daß wir es wagten, den Seitenbordmotor anzuwerfen, der uns leise surrend unserem Ziel entgegentrug. Ich habe Gosen kürzlich einmal wiedergesehen und war bestürzt über die Veränderungen, die sich dort vollzogen haben. Am Ufer drängt sich heute Bungalow an Bungalow, und die dazugehörigen Autos versperren jede Sicht auf den Ort. Vergebens habe ich mich nach einer Gaststätte umgesehen, geschweige denn nach einem Gast*hof*, in dem man nächtigen könnte. Heutzutage scheint hier nur über Nacht geduldet, wer durch Errichtung seines Behelfsheims Heimatrecht erworben hat; alle anderen sind genötigt, weiterzufahren oder zurückzukehren, von wo sie gekommen sind. Die freundliche Herberge gegenüber dem Bootsanlegeplatz, die uns seinerzeit aufnahm, gibt es nicht mehr.

Martin hatte vorsorglich zwei Zimmer bestellt, in die wir uns verteilten, artig nach Geschlechtern getrennt, denn wir legten Wert darauf, nicht als Liebespaare zu gelten, die wir in der Tat nicht waren. Sally Gles vor allem war bereits fest gebunden. Seine Freundin Elisabeth erwartete ein Kind von ihm. Vor kurzem war sie ihm nach Engels an der Wolga vorausgereist, wo sie eine Anstellung als Deutschlehrerin an der Pädagogischen Hochschule erhalten hatte. Gles, der dort ebenfalls wirken sollte, wollte ihr baldmöglichst nachreisen. Dies war also wahrscheinlich unser letztes Beisammensein. Ich habe mich später oft gefragt, worin der besondere Reiz jener Tage lag, die sich uns dreien so nachdrücklich über Jahrzehnte hinweg eingeprägt haben, daß wir noch heute daran zurückdenken wie an ein einmaliges Erlebnis, das uns, wie mir scheint, über die Zeit hinaus verbunden hat, wohin immer wir später verschlagen wurden. Damals beneideten wir Sally glühend. Wir alle wünschten ja nichts sehnlicher, als in der Sowjetunion, dem Vaterland der Werktätigen, beim Aufbau helfen zu dürfen. Und der einzige Trost für uns Zurückbleibende lag in unserer festen Überzeugung, daß es auch in Deutschland bald zur Revolution und zum Sieg des Sozialismus kommen würde.

Sally hatte uns, sozusagen zum Abschied, seine neueste Erzählung mitgebracht und las sie uns vor. Sie handelte von einem Fürsorgezögling, der, wie es im Untertitel hieß, »das Leben suchte, aber zum Raubmörder wurde«. Wir waren stark beeindruckt. Und obwohl diese Erzählung, wie wir meinten, einige Schwächen aufwies, ermunterten wir unseren Freund, unbedingt weiterzuschreiben, seine Begabung würde sich in der Sowjetunion, unter den Bedingungen des Sozialismus, sicher schnell entfalten können.

Am nächsten Tag trennten wir uns – nicht ohne daß wir Sally das feste Versprechen abrangen, uns oft und ausführlich zu schreiben, damit wir wenigstens von ferne an seinem neuen Leben teilnehmen konnten. Eilig, beschwingt ging unser Freund davon, verharrte nur noch einmal, um sich umzuwenden und uns zuzuwinken. Und immer wird mir sein Bild so vor Augen stehen: seine stämmige, etwas gedrungene Gestalt, die kurzgeschorenen, nach oben strebenden Haare, die listigen Augen, die jetzt ganz voll freudiger Erwartung waren...

Ich habe ihn nicht wiedergesehen. Briefe von ihm erreichten uns nie.

Auch wir anderen wurden nach 1933 auseinandergerissen. Martin geriet in eine Razzia, und da er ein Flugblatt bei sich trug, verurteilten ihn die Richter zu einer hohen Zuchthausstrafe. Auch ich wurde verhaftet, zusammen mit meinen Gefährten vom »Bund«. Lotte als einzige blieb unbehelligt; sie heiratete und verließ Berlin. Doch in Briefen an mich kam sie immer wieder auf die Gosener Tage zurück und auf unsere endlosen Diskussionen. Sie wären ihr, schrieb sie, zu einem Kompaß in ihrem Leben geworden, ohne den sie ihr jetziges Dasein schwer ertragen könnte. Auch Lotte ist sich also treu geblieben.

Aber was ist aus Sally Gles geworden?

Fast sechzig Jahre waren vergangen, als ich bei Recherchen im Institut für Marxismus-Leninismus, Widerstandskämpfer betreffend, die »Deutsche Zentral-Zeitung« einsehen konnte, die nur noch in einigen Exemplaren vorhanden ist. Da stieß ich in der Ausgabe vom 3. November 1936 auf eine Notiz, die mich erregt hat und seither bewegt. Denn unter der Überschrift »Der Fall Gles – Ausschluß aus dem Verband der Sowjet-Schriftsteller« hieß es dort:

»S. Gles, Kandidat für die Mitgliedschaft des Verbandes der Sowjet-Schriftsteller, wurde auf einer Sitzung des Sekretariats der Leningrader Abteilung des Verbandes der Sowjet-Schriftsteller aus dem Verband ausgeschlossen. Gründe:

1. wegen Herausgabe politisch schädlicher Schundliteratur, des Buches ›Deutschland erwacht‹ und des Theaterstücks ›Verboten‹,

2. weil er sich wie ein Schundliterat zur literarischen Arbeit verhalten hat,

3. für Raffgier und eine Reihe von Handlungen, die eines Kandidaten des Verbandes der Sowjet-Schriftsteller unwürdig sind.«

Betroffen legte ich das Blatt beiseite. Schundliteratur? Schundliterat? Raffgier und unwürdige Handlungen – und das alles legte man meinem Freund Sally Gles zur Last? Nun forschte ich weiter, und ich fand in der »Deutschen Zentral-Zeitung«

vom 26. November 1935 eine Besprechung des Buches von Sally Gles, »Deutschland erwacht/Geschichten aus dem Dritten Reich«, das in der Reihe »Antifaschistische Aktion« im Deutschen Staatsverlag, Engels 1935, erschienen war. Die Rezension, die ein Mann namens Otto Bork geschrieben hat, ist ein einziger Verriß. Es heißt darin:

»Wenn der Sowjetleser im Jahre 1935 unter diesem Titel ein Buch auf dem Ladentisch findet, so wird er sofort danach greifen, da sich unsere deutschen Schriftsteller leider zumeist ungewöhnlich viel Zeit lassen, um über das heutige Deutschland zu unterrichten. Er erwartet natürlich vom Verfasser S. Gles und von dem Staatsverlag in Engels, die das Buch anbieten, ein Bild eben davon, wie die 1933 noch von Hitler berauschten Kleinbürger und bäuerlichen Deutschen im Jahre 1934 – oder doch wenigstens 1935 – aufzubegehren beginnen; wie sich zwischen den kommunistischen, sozialdemokratischen und katholischen Arbeitern die Einheitsfront anbahnt. Wie sich der Zersetzungsprozeß in der SA entwickelt hat (Juni 1934) und wie sich die Schwierigkeiten und Gegensätze in der herrschenden Klasse auswirken. Wenn der Leser im vergangenen Jahr außerdem noch die Reden auf dem Schriftstellerkongreß studiert hat, so erwartet er wahrscheinlich sogar auch, daß das alles in einer anständigen, sauberen deutschen Sprache geschrieben und nach den Gesetzen des sozialistischen Realismus gestaltet ist.

Lieber Leser, ich sehe, wie Du das Buch durchblätterst und dann enttäuscht beiseite legst, denn wir haben nichts von alledem gefunden. Du fandest eine zufällig zusammengestoppelte Sammlung von – sagen wir mal – Berichten aus zufälligem Milieu. Einige aus der Zeit der Weimarischen Republik, einige aus der Zeit kurz nach Hitlers Machtübernahme. Vom ›Erwachen Deutschlands‹, so wie es sich wirklich vollzieht, lebendig und in seinen Widersprüchen, Erschütterungen und Kämpfen, erfährst Du nichts. Und das, was Du überhaupt erfährst, ist entweder lebensunechte Agitka, ist nicht gestaltet und sogar unrichtig geschildert. Und dazu in einer Sprache geschrieben, die den ganzen Hochmut des Verfassers seinen Lesern gegenüber kennzeichnet...«

Ich kenne den Kritiker Otto Bork nicht, aber ich habe nach der Lektüre seiner Rezension den Eindruck, daß Bork der Unsitte mancher Kritiker verfallen ist, die es dem Autor verübeln, daß er kein Buch nach ihren, der Kritiker Vorstellungen – Wunschvorstellungen? – geschrieben hat. Was hätte Sally Gles, der schon im Sommer 1933 Hitler-Deutschland verließ, denn über das Leben im Nazireich aussagen können? Und was konnten andere deutsche Emigranten schreiben, deren Schweigen den Kritiker so sehr verstimmt? Übrigens gab es Ausnahmen; ich erinnere nur an »Professor Mamlock« von Friedrich Wolf. Aber es brauchte das große Talent einer Anna Seghers, um ein Buch wie »Das siebte Kreuz« zu schreiben, dessen Handlung im Nazireich spielt, dessen Atmosphäre die Autorin nicht mehr aus eigenem Erleben kannte, aber aus Erzählungen und Berichten Betroffener intuitiv in sich aufzunehmen vermochte. Willi Bredel schrieb seine »Prüfung« nach seinem Aufenthalt im Zuchthaus Fuhlsbüttel, und Jan Petersen lebte sogar noch mitten im faschistischen Berlin, als er sein Buch »Unsere Straße« schrieb, dessen realistische Schilderung jedermann faszinierte. Gles, meine ich, tat recht daran, daß er sich in seinen Erzählungen weitgehend auf die Zeit der Weimarer Republik beschränkte, die er aus eigenem Erleben kannte. Allenfalls könnte man ihm anlasten, daß er einen irreführenden, aber wahrscheinlich zugkräftigen Titel wählte, denn »Geschichten aus dem Dritten Reich« sind es nun wirklich nicht, die in dem schmalen Band zusammengefaßt sind, das ich eines Tages – die hilfsbereite Bibliothekarin im Institut hat es möglich gemacht – sogar in Händen halte. Man braucht nicht lange, um es durchzulesen, und ich entdecke darin auch jene Erzählung über den Fürsorgezögling, die uns vor vielen Jahren so stark beeindruckt hat. Auch heute berührt sie mich noch. Ist das Schundliteratur?

Schund wird im Duden mit »Wertloses« umschrieben. Und in meinem Synonymwörterbuch heißt es unter Schund: »Ausschuß, Kitsch, Ramsch«. Nichts von allem trifft auf Gles' Erzählungen zu. Sicher, das Buch ist kein Meisterwerk, die meisten Beiträge sind für den Tag geschrieben, sind Reportagen: über den Arbeitsnachweis, über »Die Hölle der AEG«. Es gibt den Erlebnisbericht über eine illegale Demonstration, über »illegale Politzirkel«: man trifft sich, um gemeinsam den ausländischen Sender zu hören. In allen diesen Beiträgen, die konkrete Beobachtungen schildern, ist auch der Stil knapp und prägnant. Ein Beispiel:

»Der Potsdamer Platz liegt wie immer in der zehnten Abendstunde. Die Hast des Tages ist vorbei. In Abständen rattern die Straßenbahnen in verschiedene Richtungen. Die Reklamelichter des Cafés Vaterland, ›Prima deutsche Weine‹, verlöschen und kommen wieder. Das elektrische Hakenkreuz sendet sein Licht über die Passanten, die aus der Untergrundbahn steigen.«

Es gibt auch schlechte Beispiele, doch die meisten »Ausrutscher« hätten durch einen erfahrenen Lektor leicht ausgemerzt werden können. Offenbar hat sich niemand die Mühe gemacht, mit dem jungen Autor Gles zu arbeiten, wie es beispielsweise Andor Gábor mit Karl Grünberg tat, der vor 1933 ebenfalls ein Anfänger war. Damals, im »Bund proletarisch-revolutionärer Schriftsteller«, hielten sich die Meister des Wortes nicht als zu gut dafür, ihr Können an die Jüngeren weiterzugeben. 1936 erhebt sich keine Stimme, die für den jungen, noch unerfahrenen Autor Gles Partei ergreift; niemand erhebt Einspruch gegen das in vielem ungerechte Urteil der Rezension. Im Gegenteil: Als Gles, statt zu resignieren, sich hinsetzt und etwas Neues schreibt – diesmal ist es ein Theaterstück um die Vorgänge des 1. Mai 1929 –, verteufelt kein Geringerer als Erich Weinert nicht nur das Stück, sondern den Autor gleich mit, dem er es anlastet, daß er, statt »Selbstkritik zu üben«, sich überhaupt an etwas Neues herangewagt habe. Und der Verband der Sowjet-Schriftsteller nimmt die Verrisse zum Anlaß, um den Kandidaten von seiner Liste zu streichen, nein, ihn mit Schimpf und Schande davonzujagen.

Der »Fall Gles« läßt mich nicht schlafen. Dabei weiß ich, daß er nicht das einzige Opfer der stalinistischen Kulturpolitik ist, die sich »die Säuberung der Literatur« zur Aufgabe gemacht hatte. So ist uns Ernst Ottwaldt verlorengegangen. Und das Buch »Die Stadt N.« von Leonid Dobytschin, das, mit einem Vorwort von Wenjamin Kawerin versehen, im S. Fischer Verlag erscheint, wurde seinerzeit als ein Paradebeispiel des Formalismus verrissen und aus den Regalen der Buchläden verbannt. Der Autor wurde vergessen, sein Name in keiner Anthologie, in keiner Geschichte der sowjetischen Literatur erwähnt. Dobytschin nahm sich das Leben.

Was aus Sally Gles geworden ist, konnte ich bis jetzt nicht in Erfahrung bringen.

Ich habe diese Erinnerungen an Sally Gles im Frühjahr 1989 verfaßt. Sie wurden im Septemberheft der »neuen deutschen literatur« abgedruckt. Kurz nach der Veröffentlichung meldete sich eines Tages ein junger Mann bei mir, der sich als Enkel von Sally Gles, eigentlich Glesel, zu erkennen gab. Er war gekommen, um mir den Besuch seines Vaters Alexander Glesel anzukündigen, den, wie er annahm, meine Erinnerungen besonders stark interessieren würden; sein Vater befinde sich aber zur Zeit in Jalta. Schon eine Woche später kam Sallys Sohn Alexander selbst. Er war tief bewegt, in mir jemanden vor sich zu haben, der seinen Vater noch selbst gekannt hat. Leider mußte er meine Vermutung bestätigen, daß sein Vater 1937 verhaftet wurde und in ein Lager gekommen war. In welches Lager, weiß er bis heute nicht. Der Ort ist auch in der Rehabilitierungsurkunde, die er mir zeigte, nicht angeführt. Und ebensowenig sagt der Totenschein Genaues über die Todesursache. Sallys Frau Elisabeth wurde zur Zwangsarbeit deportiert und ist in den fünfziger Jahren mit ihrem Sohn Alexander in die DDR gekommen.

Alexander Glesel hat mir einige Tagebuch-Aufzeichnungen seiner Mutter übergeben. Und in vielen Gesprächen, in großer Offenheit, hat er mir sein Leben erzählt. Dafür sei ihm Dank.

Elisabeth

Aus ihrem Tagebuch

Sally und ich haben uns in Berlin kennengelernt. Wir waren beide in derselben kommunistischen Zelle, wie man das damals nannte, das heißt in derselben Ortsgruppe der Kommunistischen Partei unseres Wohnbezirks, beide waren wir arbeitslos, und beide widmeten wir unsere ganze Kraft der Parteiarbeit. Sally war neun Jahre jünger als ich, aber er war über seine Jahre gereift. Damals schrieb er schon Beiträge für Zeitungen, in erster Linie für die Münzenberg-Presse. Ich war Lehrerin, hatte aber, bei sieben Millionen Arbeitslosen, keine Aussicht auf eine Anstellung, zumal ich schwanger war – und eine schwangere ledige Frau als Lehrerin einzustellen, das war in der Weimarer Republik eine unmögliche Vorstellung. So war unsere Lage, objektiv gesehen, ziemlich hoffnungslos, aber wir waren jung und optimistisch und ließen uns nicht so rasch unterkriegen. Dennoch war ich glücklich, als eines Tages in der Partei eine sowjetische Genossin erschien, die um Lehrkräfte für ein Fremdsprachen-Institut in Engels warb; man sollte dort Deutschunterricht geben. Das war die Chance, auf die ich immer gewartet hatte und die ich mit Freuden ergriff. Überstürzt bereitete ich meine Übersiedlung vor, denn mein Kind sollte nach Möglichkeit schon in Engels in geordneten Verhältnissen zur Welt kommen; ich reiste also schon 1931 ab. Sally, der noch zu einigen Vorträgen in der Masch (Marxistische Arbeiter-Schule) verpflichtet war, konnte nicht sogleich mitkommen, er hatte sich aber ebenfalls um eine Anstellung in Engels bemüht, wurde auch angenommen und folgte mir im Sommer 1932 nach.

Die Lebensbedingungen in Engels waren furchtbar schwer. Keine von all den Versprechungen, die man uns gemacht hatte, wurde eingehalten. Als Wohnung stand uns nur, zusammen mit unserem Kind, das inzwischen geboren war, ein Eckchen in einem Zimmer zur Verfügung, in dem noch mehrere andere Personen untergebracht waren. Die Versorgung mit Lebensmitteln war völlig unzureichend, nach allem mußte man stundenlang anstehen, und das schlimmste war, es gab nicht einmal Milch für unser Kind, das dann auch als Folge der Unterernährung bald darauf starb. Der Tod unseres Kindes war für Sally und mich ein Signal – nichts konnte uns länger in Engels halten. Sally hatte Freunde in Leningrad, wo, wie sie schrieben, das Leben leichter sei. Und ohne uns groß darüber Gedanken zu machen, daß wir kontraktbrüchig wurden, brachen wir eines Tages unsere Zelte in Engels ab und versuchten, was unter den damaligen Verhältnissen auch nicht einfach war, uns nach Leningrad durchzuschlagen. Hier hätte man uns wahrscheinlich postwendend wieder zurückgeschickt oder uns jedenfalls jede Unterstützung versagt; doch inzwischen schrieben wir das Jahr 1933, in Deutschland war Hitler an die Macht gekommen, so daß wir nicht mehr nach Berlin zurückkonnten und als Emigranten galten. Als solche bekamen wir, wie auch andere Emigranten, jetzt sogar eine Wohnung, und zwar wurden wir alle zusammen in einem Haus untergebracht, das einmal für Unteroffiziers-Witwen des ersten Weltkrieges gebaut worden war. Wir bewohnten zwei Räume, und da wir Arbeit hatten, ging es uns verhältnismäßig gut, Sally arbeitete als Schriftsteller; 1935 wurde im Deutschen Staatsverlag in Engels sein erstes Buch, eine Sammlung von Reportagen, veröffentlicht, und ein Theaterstück sollte in naher Zukunft Premiere haben. Ich war an der Leningrader Hochschule für Fremdsprachen als Lehrerin tätig. Und als am 10. Juli 1935, übrigens genau an meinem vierunddreißigsten Geburtstag, unser Sohn Alexander auf die Welt kam, ein kräftiger, gesunder Junge, wäre unser Glück vollkommen gewesen – falls man von der Entwicklung in Deutschland absieht, die uns natürlich mit großer Sorge erfüllte. Wir hörten täglich von Verhaftungen und lasen von Mißhandlungen an Antifaschisten, unter denen, wie wir befürchteten, auch viele unserer früheren Freunde und Genossen waren.

Aber auch über die Sowjetunion zogen dunkle Wolken herauf. 1935 war mein deutscher Paß abgelaufen. Da ich nicht in die Nazi-Botschaft gehen wollte, um ihn verlängern zu lassen, bewarb ich mich um die sowjetische Staatsbürgerschaft, die Sally übrigens schon besaß. Aber ich erhielt sie nicht, man speiste mich immer wieder mit vagen Versprechungen ab, was für mich ärgerlich war, denn ich galt nun als Staatenlose. Auch Sally war bedrückt, denn in der »Deutschen Zentral-Zeitung« vom November 36 war ein grober Verriß seines Buches erschienen. Dies war der Auftakt einer Kampagne gegen ihn, die sich mit einer verheerenden Kritik seines Stückes durch Erich Weinert fortsetzte und schließlich zu seinem Ausschluß aus dem Leningrader Schriftstellerverband führte, praktisch also zu seinem Ende als Literat, denn keine Zeitung wagte es noch, auch nur eine Zeile von ihm zu drucken. Zum Glück hatte ich noch meine Anstellung als Lehrerin. Aber als Sally 1937 verhaftet wurde, holte man auch mich bald danach ab, und unser Sohn Alex mußte ins Kinderheim. Seltsamerweise ließ man mich nach kurzer Zeit wieder frei, was damals wirklich ein Wunder war, und ich konnte meinen Jungen wieder zu mir nehmen. Allerdings durften wir nicht in unsere frühere Wohnung zurück, aus der inzwischen alle Möbel entfernt worden waren, sondern wir bekamen ein kleineres Zimmer. Auch erlaubte man mir nicht, meine frühere Lehrtätigkeit an der Hochschule wieder aufzunehmen; ich wurde nur als Schreibhilfe eingesetzt. Von Sally hatte ich die ganze Zeit über nichts gehört. Ich weiß auch nicht, in welches Straflager er gekommen ist. Wir haben uns nie wiedergesehen.

Mit Alex blieb ich noch bis 1941 zusammen, bis zum Überfall der Nazis auf die Sowjetunion. Die Kinder wurden sofort nach Ausbruch des Krieges aus der Stadt evakuiert, und so mußte ich mich auch von Alex trennen, der mit dem Kindergarten, der in ein Heim umfunktioniert worden war, aus der Stadt herausgebracht wurde, irgendwohin, weit weg, hinter den Ural. Ich blieb in Leningrad, wo die ganze Belegschaft der Hochschule zusammen mit den Studenten die Stadt für ihre Verteidigung herrichten sollte, das heißt, wir bauten Befestigungen, hoben Schützengräben aus und errichteten Panzersperren. Ich habe auch den schweren Blockade-Winter 1941/42 in Leningrad erlebt. Über die Leiden der Bevölkerung in jenem Jahr ist schon viel geschrieben worden, so daß ich mich auf die Mitteilung der Tatsache beschränken will, daß ein Drittel unserer Belegschaft und der Studenten verhungert ist. Ich bin wie durch ein Wunder am Leben geblieben und wurde im Frühjahr 42 zusammen mit den anderen, die noch zur Hochschule gehörten, aus der Stadt evakuiert, was damals durchaus nicht gefahrlos war. Denn wir mußten den Ladogasee bei Nacht überqueren, in völliger Dunkelheit, ohne die Scheinwerfer anzustellen, damit wir nicht die Aufmerksamkeit der deutschen Luftwaffe auf uns lenkten. Das Eis war im März schon ziemlich brüchig, und außerdem hatten die Flieger durch ihre Bombardierungen dafür gesorgt, daß die Eisbahnen nicht mehr sicher waren. Oft konnten die Fahrer die Gefahr nicht rechtzeitig erkennen, und ich sah mit eigenen Augen, wie einige Fahrzeuge aus unserem Konvoi einbrachen und unter dem Eis verschwanden. Wir anderen erreichten das gegenüberliegende Ufer, wo wir sofort, gleichfalls in der Dunkelheit, in einen Zug gesetzt wurden, der in Richtung Osten davonfuhr. Zwei Monate waren wir unterwegs. Dann befanden wir uns im nördlichen Kaukasus, wo unser Institut seine Tätigkeit wieder aufnehmen und die Ausbildung der Studenten fortsetzen sollte.

Piatigorsk war eine Stadt ohne Männer. Diese hatte man sofort nach Kriegsausbruch zur sogenannten Arbeitsarmee einberufen, und zurückgeblieben waren nur Greise, Frauen und Kinder. Die Bevölkerung bestand zum größten Teil aus Deutschen, die im Nordkaukasus seit jeher beheimatet waren. Als aber die faschistischen Truppen mit beängstigender Schnelligkeit näher rückten und schon kurz vor Piatigorsk standen, wurden alle Deutschen aufgefordert, sich zu stellen, da sie nach Kasachstan gebracht werden sollten. Meine Vorgesetzten wollten sich keinen Schwierigkeiten aussetzen und legten auch uns Deutschen unter den Instituts-Angehörigen nahe, uns zu melden, so daß wir tatsächlich nur wenige Wochen in Piatigorsk haben bleiben können. Der Beschluß der Behörden, die Deutschen sofort aus dem Gebiet fortzubringen, war übereilt und grundfalsch, denn die Eisenbahnzüge hätte man sinnvoller nutzen sollen. Riesige Viehherden sind den Faschisten in die Hände gefallen und zahlreiche intakte Betriebe. Statt diese zu evakuieren, hat man die Züge mit Greisen, mit Frauen und Kindern vollgestopft. Wieder waren wir monatelang unterwegs. Wir von der Hochschule waren etwa 40 bis 50 Personen; unter uns gab es viele Emigranten. Im Spätherbst 1942 erreichten wir Kasachstan, wo wir sofort als Arbeitskräfte auf verschiedene Kolchosen in der Steppe verteilt wurden. Die Kolchosen hatten die Auflage erhalten, uns aufzunehmen, ohne daß man sie vorher gefragt hätte, ob sie Arbeitskräfte brauchten. Übrigens, was waren wir schon für Arbeitskräfte! Wir waren Intellektuelle, verstanden nichts von der Landarbeit. Wir wurden also durchaus nicht mit offenen Armen empfangen, zumal wir zwangsweise in ihre Lehmhütten eingewiesen wurden, wo sowieso schon eine drangvolle Enge herrschte. Mit unserer Unterbringung erschöpfte sich dann auch die Fürsoge der örtlichen Behörde, und niemand kümmerte sich darum, wie und womit wir uns ernähren konnten. Im Winter waren wir sogar gezwungen, von Haus zu Haus zu gehen und zu betteln; die einzige Möglichkeit für uns, am Leben zu bleiben. Im Frühjahr 1943 wurden wir wieder alle zusammengerufen, und man deportierte uns ohne Urteil, ohne vorherige Verhandlung nach Karaganda, ins Zentrum des Kohlebergbaus. Es hieß nur, daß wir als Deutsche, also als Feinde, zur Zwangsarbeit unter Tage verpflichtet wurden, und das betraf alle Deutschen, egal auf welche Weise sie ins Land gekommen waren, also auch die Antifaschisten. In Karaganda wohnten wir in primitiven

Lehmhütten, die in die Erde hineingebaut waren. Früh wurden wir unter Bewachung in den Schacht geführt und nach der Schicht ebenso wieder ins Lager zurückgebracht. Die Arbeitszeit betrug zehn, manchmal sogar zwölf Stunden. Unser Lager war ein ausgesprochenes Frauenlager, auch die Arbeitsbrigaden bestanden nur aus Frauen. Die Leiter und Vorarbeiter waren sogenannte freie Bürger, meistens Russen, aber auch sie waren nicht freiwillig nach Karaganda gekommen, sondern sie waren Ausgewiesene, Zwangsverbannte. Ihr einziger Vorteil uns gegenüber bestand darin, daß sie nicht unter Bewachung lebten.

Ich habe fünf Jahre unter diesen Verhältnissen in Karaganda verlebt, nein, vegetiert, also noch drei Jahre über das Kriegsende hinaus. Erst 1948 hieß es plötzlich, das Lager würde aufgelöst, wir könnten aber, wenn wir wollten, in den Baracken wohnen bleiben, was wir auch taten, weil wir keine andere Bleibe hatten. Der ganze Unterschied zu früher war, daß wir keine Bewachung mehr hatten und daß die Arbeitszeit auf acht Stunden verkürzt worden war. Wir waren aber auf ewig verbannt und durften das Gebiet nicht verlassen, mußten uns auch aller vier Wochen polizeilich melden. Das letztere betraf sowohl die Staatenlosen wie mich als auch die Sowjetbürgerinnen deutscher Nationalität, aber die Polizeistellen für beide waren nicht dieselben. Für den Tag, an dem wir uns melden mußten, wurden wir von der Arbeit befreit, denn es mußten zu Fuß mehrere Kilometer zurückgelegt werden; Verkehrsmittel zwischen den einzelnen Ortschaften gab es nicht.

Der Weg nahm also hin und zurück einen vollen Tag in Anspruch, und auf der Polizei mußte man meist mehrere Stunden anstehen, bevor man an die Reihe kam, da pro Tag einige hundert Personen hinbestellt wurden. Es war also immer ein zeitraubendes Unternehmen.

Die ganze Zeit über hatte ich nichts von meinem Sohn gehört; ich wußte nicht, wo er lebte und ob er überhaupt gesund und am Leben war. Briefe schreiben war uns nicht erlaubt, und an wen hätte ich überhaupt schreiben sollen? Wer von meinen früheren Bekannten in Leningrad war noch am Leben, und wer konnte mir eine Nachricht über Alex geben? Natürlich ließ ich nichts unversucht, etwas über ihn in Erfahrung zu bringen, aber wen ich auch fragte, ich stieß auf taube Ohren. Erst nachdem unser Straflager aufgelöst worden war, versprach man mir auf der Polizeistelle, daß man sich bemühen würde, nach meinem Sohn zu suchen, und wieder nach einigen Monaten teilte man mir seine Adresse mit. Ich wußte nun, daß er in einem Kinderheim war und daß das Heim die Auflage bekommen hatte, meinen Jungen mir wieder zuzuführen. Von jetzt an wartete ich tagtäglich auf seine Ankunft. Mein tristes Leben hatte wieder einen Sinn bekommen. Mein Sohn war jetzt dreizehn Jahre alt. Sieben Jahre waren wir voneinander getrennt gewesen. Würden wir erneut zueinander finden? Er konnte mir bereits eine Stütze sein, hoffte ich, und diese Hoffnung war es, die mich aufrecht hielt – die lange, lange Zeit, die ich noch warten mußte.

Alexander

Ich war sechs Jahre alt, als ich von meiner Mutter getrennt wurde. Alle Kinder wurden aus Leningrad evakuiert. Das muß in den letzten Junitagen des Jahres 1941 gewesen sein, denn ich erinnere mich, daß wir am 10. Juli, meinem Geburtstag, schon tagelang unterwegs waren. Wir kamen nach Westsibirien, in einen Verwaltungsbezirk, der 700 oder 800 Kilometer östlich vom Ural lag. Von hier aus sind es bis zur pazifischen Küste immer noch zirka 7000 Kilometer, so groß sind dort die Entfernungen. Ich habe in Westsibirien sieben Jahre zugebracht, und zwar in zwei verschiedenen Heimen. In dem ersten Heim war ich bis 1945 zusammen mit meinen Altersgefährten aus dem Leningrader Kindergarten. Auch das Personal, das uns betreute, bestand ausschließlich aus Leningrader Frauen; meist hatten sie auch ihre eigenen Kinder dort. Männer gab es nicht. Das zweite Heim lag einige Kilometer entfernt, und hierher kamen alle Kinder aus umliegenden Heimen, die nicht mehr nach Leningrad zurückkehren konnten, weil ihre Eltern entweder verhungert oder sonstwie ums Leben gekommen waren. Für den Staat war es einfacher, diese Kinder in Sibirien zu belassen, als in Leningrad wieder ein Heim zu gründen, um sie unterzubringen. Ich habe an die Jahre bis 1948 nur noch eine blasse Erinnerung. Ich weiß nur noch, daß wir ewig Hunger hatten, dabei wurden wir sicher besser versorgt als die übrige Bevölkerung und wurden auch von allen beneidet. Aber für uns Heranwachsende war es immer noch zu wenig, und hätte man uns nach einem Wunsch gefragt, so hätten wir sicher einmütig erwidert: unser größter Wunsch sei es, uns einmal richtig satt zu essen!

Ich wußte, daß mein Vater verhaftet war, und bis zu meinem dreizehnten Lebensjahr dachte ich auch, daß meine Mutter nicht mehr am Leben sei. Aber eines Tages eröffnete mir der Heimleiter, daß meine Mutter noch lebte und daß er, der Leiter, die Weisung erhalten hätte, mich nach Karaganda bringen zu lassen, wo sie mich schon sehnsüchtig erwartete. Ich kann schwer beschreiben, wie mir zumute war. Natürlich freute ich mich, meine Mutter wiederzusehen, aber wie sollte meine Übersiedlung vor sich gehen? Allein konnte man mich unter den herrschenden katastrophalen Verhältnissen nicht auf die Reise schicken, aber wer sollte mich bringen? Die Angestellten des Heims waren noch nie aus ihrem Bezirk herausgekommen und fürchteten sich vor einer so langen Reise unter den schwierigen Bedingungen. Schließlich fand sich aber eine der Erzieherinnen zu dem Unternehmen bereit. Sie war jung und unternehmungslustig und wohl auch wißbegierig, und die Aussicht, die ferne Stadt Karaganda kennenzulernen, reizte sie, so daß sie alle vermutlichen Strapazen der 1700 Kilometer langen Reise auf sich nahm. Allerdings ahnte sie wohl kaum, was ihr bevorstand, denn wir brauchten für unsere Fahrt, die man heute in anderthalb bis zwei Tagen bewältigt, volle zwei Monate, und was haben wir in diesen Wochen alles erlebt!

Zunächst waren wir zwei Tage unterwegs bis zu

der ersten Bahnstation. Diese lag zwar nur 60 Kilometer von unserem Ort entfernt, aber das Lastauto, das uns mitnahm, konnte sich auf den unwegsamen Straßen nur schrittweise fortbewegen. Diese Autos, die eigentlich das Getreide abtransportierten, waren Spezialfahrzeuge, ich glaube, amerikanische Studebaker, die sich mit Hilfe einer Seilwinde, die vorn am Motor verankert war, von Baum zu Baum voran bewegten, solange der Treibstoff reichte. Wenn das etwa fünfzig Meter lange Seil zu Ende war, mußte der Fahrer aussteigen, um das Seil neu auszurollen und um den nächsten Baum zu schlingen; nur so konnte man durch den aufgeweichten Boden vorwärts kommen. Diese Gebiete dort sind das ganze Jahr über naß und schlammig, ausgenommen im Winter bei Frost, wenn das Fahren natürlich leichter gewesen wäre. Aber das Getreide mußte ja vorher weg, es konnte im Ort nicht gelagert werden. Manchmal geschah es auch, daß das Getreide auf dem Transport, wenn die Winde kaputt ging oder der Treibstoff nicht reichte, zu blühen begann und durch die Feuchtigkeit total verdarb. Wir hatten aber keine derartige Havarie, wir gelangten ohne Panne bis zu der Bahnstation, wo wir indes wieder mehrere Tage warten mußten, ehe wir einen Zug besteigen konnten. Und gleich in der ersten Nacht, die wir zusammen mit zahllosen anderen auf dem Bahnsteig verbrachten, wurden meiner Begleiterin sämtliche Papiere gestohlen, die sie in einem Brustbeutel unter dem Kleid wohlverwahrt geglaubt hatte. Aber man hatte ihr, während sie schlief, den Beutel aus dem Kleid einfach herausgeschnitten! Nun waren wir ohne Geld, ohne Lebensmittelkarten, ohne jede Bescheinigung unserer Identität. Ich war zu jung, um das Ausmaß unseres Unglücks voll erfassen zu können, und meine Begleiterin war klug genug, mich ihre Verzweiflung nicht spüren zu lassen. So erklommen wir also tapfer den ersten Zug, der uns in etwa in unsere Richtung trug. Fahrpläne gab es damals nicht. Wir mußten unzählige Male umsteigen, um uns weiter auf unser Ziel zuzubewegen. Mehrmals wurden wir unterwegs aufgegriffen und, da wir ohne Papiere waren, auf der Bahnpolizei verhört, wohlgemerkt getrennt. Und erst wenn die Dienststellen davon überzeugt waren, daß wir die Wahrheit sagten, wurden wir unterstützt. In der Regel bekamen wir etwas zu essen, und dann setzte man uns in den nächsten Zug. Manchmal wurden uns auch provisorische Papiere ausgestellt. Das alles half uns zwar wieder etwas weiter, aber über weite Strecken hinweg mußten wir uns doch durchhungern und sogar betteln, und nach den zahllosen Aufenthalten unterwegs, wo man, zusammen mit Hunderten anderen, auf dem nackten Fußboden der Bahnhöfe schlief, waren wir bald völlig verlaust, abgerissen und durchgefroren. Es ging auf den Herbst, und wir hatten ja absolut nichts, womit wir uns zudecken oder irgendwie wärmen konnten. Unser Gepäck hatten wir zwar behalten, aber was war schon darin? Ich hatte vielleicht einen Mantel mit, aber das war auch alles. Und die Erzieherin besaß, ebenso wie alle dort im Heim, nichts außer dem, was sie am Leibe hatte, auch keine Unterwäsche zum Wechseln. Mir ist unverständlich, was sie überhaupt in dem Bündel mit sich trug; Nützliches war jedenfalls nicht darin.

Kurz vor unserer Ankunft in Karaganda – wir wußten schon, daß wir nicht noch einmal umsteigen mußten – hörte ich zufällig das Gespräch zweier Männer mit an, dem ich entnahm, daß sie sich anscheinend in der Stadt gut auskannten, und ich faßte mir ein Herz, ihnen die Anschrift meiner Mutter zu sagen, da ich hoffte, daß sie uns den Weg dorthin weisen könnten. Ich habe das deshalb so gut in Erinnerung, weil mir seine Antwort den ersten Schock versetzte. Ja, ja, sagte der Mann nämlich, das sei gar nicht weit vom Bahnhof entfernt, sogar die Hausnummer kam ihm bekannt vor, und dann fügte er hinzu, zu seinem Gefährten gewandt: Dieses Erdloch habe doch damals der und der gegraben. – Erdloch? Ich sah ihn fassungslos an. Wollte er mir etwa weismachen, daß meine Mutter in einem Erdloch hauste? Auch die Erzieherin war entsetzt. Wir hatten uns bisher auf unserer langen beschwerlichen Reise stets mit dem Gedanken getröstet, daß wir zuletzt in eine schöne helle Stadt kommen würden, ähnlich dem früheren Leningrad, an das ich zwar selber nur noch eine vage Erinnerung hatte, dessen Schönheiten man uns aber oft genug gepriesen hatte. Vor allem verknüpften wir mit dem Begriff Stadt die Vorstellung von Helligkeit, von elektrischem Licht. Wir hatten auch unterwegs verschiedene Städte passiert, aber nie gewagt, das Bahnhofsgebäude zu verlassen, weil wir ja nie wußten, wann der nächste Zug zur Weiterreise eintreffen würde. Wir träumten also die ganze Zeit über von einer

Stadt, in der man nicht mehr wie in Sibirien in Blockhütten wohnte, sondern in einem richtigen städtischen Haus – und nun hörten wir etwas von einem »Loch in der Erde«. Wir dachten, der Mann sei betrunken oder nicht ganz normal.

Und dann kamen wir an – und schon unser erster Eindruck war niederschmetternd, denn das ganze Gelände um die Eisenbahnstation herum war mit barackenähnlichen … na, ich will mal sagen: Gebilden bedeckt, die aber nirgends den Erdboden überragten, sondern in die Erde eingelassen waren, und diese Behausungen dehnten sich aus, so weit das Auge reichte. Wir fragten uns dann nach und nach durch und entdeckten, daß um jede Schachtanlage herum solche Siedlungen von Erdlöchern entstanden waren, und in einer dieser Siedlungen wohnte und arbeitete meine Mutter. Wir staunten, daß Menschen so leben konnten, eigentlich wie Tiere in ihrer Höhle. Selbst in Sibirien hatten wir so etwas nie gesehen, dort waren seit Jahrhunderten Holzhäuser üblich.

Aber hier, so erfuhr ich bald, war es das einfachste, so zu »bauen«. Natürlich hätte man aus dem Lehm, den man aushob, auch hier Ziegel brennen oder in der Sonne trocknen können. Aber das hätte mehr Arbeit gemacht, als wenn man die Grube nutzte, die man sowieso, um den Lehm zu gewinnen, hatte graben müssen. Man zog nur die Ränder der Grube etwas höher hinauf, setzte ein paar Steine herauf, die man aus dem Lehm geformt hatte und vermauerte das Ganze mit Lehm. Für den Eingang wurden in den Lehm einfach Stufen gestochen, und als Dach wurde ein Baumstamm der Länge nach darüber gelegt; der Raum war also immer nur so lang wie der Stamm. Um das Regenwasser abzuhalten, wurde die oberste Schicht des Daches wiederum mit Lehm gefüllt, und an den Seiten mußte ein kleines Gefälle vorhanden sein. Ein Stück Glas oder eine Glasscheibe, die man oberhalb der Lehmschicht einpaßte, diente als Lichtquelle. In manchen Höhlen hatte man den Eingang durch ein Stück gummierten Stoff verdeckt, den man aus dem Schacht entwendet hatte, was natürlich verboten war. Aber man war gezwungen zu stehlen. Man stahl auch Bretter und sogar irgendwelche Lappen, die man vor den Eingang hängte, um die Kälte abzuhalten. Dennoch war im Winter der Zugang zur Höhle oft so vollgeschneit, daß man nur mit großer Anstrengung ins Innere gelangen konnte. Schwierig war es auch, zu einem Ofen zu kommen. Man konnte ihn aus Lehmzieglen mauern, aber woher nahm man die Metallplatte für den Herd? Solche Platten waren eine Kostbarkeit und äußerst rar, und meist behalf man sich mit einfachen Metallstücken und schnitt ein paar Löcher hinein, in die man den Topf stellen konnte. Das Ganze diente dann als Wärmequelle und als Kochplatte zugleich.

Jeder Schacht, von denen es in der Stadt sechzig bis achtzig gab, war ein eigenständiger Betrieb, um den sich die Siedlung gruppierte, die mehr und mehr in die Breite wuchs. Und für die ganze Anlage mit sechshundert bis tausend Beschäftigten, mit den Angehörigen also etwa zweitausend Personen, gab es nur eine Wasserquelle, einen Tiefbrunnen, der natürlich ständig umlagert war. Man schöpfte das Wasser mit Gefäßen, die auch recht skurrile Gebilde waren, denn zu kaufen gab es nichts. Lebensmittel und Arbeitskleidung erhielt man zugeteilt. Für die Arbeit unter Tage gab es Gummigaloschen, das waren ganz dicke, grob gegossene Gummischuhe, die man primitiv mit einem Stück Schnur am Fuß festbinden mußte. Die Schuhe mußte man aber auch in der Freizeit tragen, denn andere hatte man nicht. Die Arbeitskleidung dagegen, so knapp bemessen sie war, versuchte man immer noch in die für den Schacht und für die Freizeit zu unterteilen, damit man wenigstens etwas zum Wechseln hatte, wenn man sich nach dem Duschen am Schichtende wieder anzog.

Das Duschen war auch nicht ganz unproblematisch, weil das Wasser meist nicht für alle reichte. Man mußte rennen, um bei den ersten zwanzig bis dreißig Leuten zu sein, die sich unter der Brause drängelten, sonst war das Wasser nur noch lauwarm oder sogar kalt, oder es fiel völlig aus, und oft mußte man zusehen, wie man die Seife, die man gerade eingerieben hatte, vom Körper wieder herunter bekam. Die Seife, sogenannte Kernseife, bekamen wir vom Schacht. Es gab in jedem Schacht auch einen Arzt, der vermutlich sogar über einige Medikamente verfügte, denn eine Apotheke gab es nicht im Ort. Auch Strom gab es nur in den Schachtanlagen. Die Zunächstwohnenden haben die Leitungen einfach angezapft und, sofern sie im Besitz von Draht waren, eine Leitung zu sich herübergezogen. Die Nachbarn haben wiederum von ihr den Strom entnommen und die weiter entfernt Wohnenden wiederum von dieser, so daß man sich vorstellen kann, wie die Lichtquelle etwa bei dem zehnten aussah. Mir war es gelungen, mehrere Drahtenden zu ergattern, die ich miteinander verbunden habe, und aus irgendeiner Verwaltung hatte ich auch eine Glühbirne entwenden können. Aber unsere Glühbirne gab gar kein Licht mehr, sondern man konnte gerade noch den Glühfaden erkennen. Eine Fassung, die es auch nicht zu kaufen gab, hatte ich selber aus einem Stück Blech gebastelt und die Kontakte mit Hilfe von zwei oder drei Nägeln so gestaltet, daß die Birne ihr Plus und Minus hatte. Eine amtliche Stromversorgung gab es also nicht. Wir hatten auch keine Kanalisation. Jeder grub neben seine Behausung ein Loch und stellte ein Gefäß hinein, das er von Zeit zu Zeit auf die Straße entleerte. Die Exkremente einzugraben, dazu fehlte es uns an Zeit und vielleicht auch an Lust; es war einfacher, alles nach draußen zu schütten. Noch heute wundere ich mich, daß es keine Epidemien gab, jedenfalls habe ich zu meiner Zeit keine erlebt. Allerdings war die Säuglingssterblichkeit hoch. Denn Kinder wurden geboren. Es lebten so viele verschiedene Nationalitäten zusammen, viele, die mit Kind und Kegel ausgesiedelt, verbannt worden waren: die Kalmücken, Koreaner, die Wolgadeutschen, die Deutschen aus dem Kaukasus, dann die Bewohner aus den baltischen Republiken, die Esten, Letten und Litauer – aus der ganzen Sowjetunion waren sie dort konzentriert.

Allmählich wuchsen die Kinder zu Jugendlichen heran, heirateten, und es kamen Kinder. Aber es gab für die Säuglinge keine Windeln, keine Krems, natürlich auch keine Kinderbetten. Dennoch gelang es einigen, ihre Babys großzuziehen. In unserer Nachbarschaft lebte eine Familie, der kurz hintereinander zwei Kinder gestorben waren. Aber es kam fast jedes Jahr wieder ein Kind, und zuletzt hatten sie drei, die am Leben blieben.

Als ich nach Karaganda kam, waren die Zwangsarbeitslager gerade aufgelöst worden. Dennoch fühlten wir uns wie Gefangene, weil wir völlig rechtlos waren. Wir durften die Ortschaft nicht verlassen, hatten keine Ausweise, durften weder Briefe schreiben noch uns sonstwie am gesellschaftlichen Leben beteiligen – was immer man darunter verstand. Wir Deutsche waren eben noch etliche Stufen schlimmer dran als die anderen; alle waren Feinde des Volkes, aber wir waren Feinde par excellence sozusagen; wir waren nicht nur Verbannte schlechthin, sondern *Deutsche*, die verbannt waren, etwas Schlimmeres gab es nicht.

Dabei waren die Deutschen als Arbeitskräfte sehr geschätzt, sie galten als fleißig und diszipliniert, und jeder Leiter freute sich, wenn er Deutsche in seiner Brigade hatte, denn sie rissen die anderen mit. So kamen am Arbeitsplatz auch die verschiedensten Kategorien von Deutschen zusammen. Da waren die Kriegsgefangenen, gut erkenntlich an ihrer abgerissenen Armeeuniform, die bedingt das Lager verlassen durften und denen man manchmal schon ohne Bewachung auf dem Bauernmarkt im Zentrum der Stadt begegnen konnte. Dort gab es auch die einzigen Läden, vielleicht zehn an der Zahl. Weiter gab es im Schacht die Wolgadeutschen, die Ukrainer-Deutschen und die Kaukasus-Deutschen, dann die deutschen Kommunisten, die Emigranten, die fast nur Frauen waren, und als neueste kamen diejenigen hinzu, die in den Nachkriegsjahren in Deutschland wegen irgendwelcher Vergehen verhaftet worden waren und ihre Strafen in der Sowjetunion absitzen mußten. In den ersten Jahren gab es noch keine Rechtsprechung und keinen Strafvollzug. Wer aber ohne Erlaubnis die Besatzungszonen gewechselt hatte oder wer auf dem schwarzen Markt beim illegalen Handel erwischt wurde, mußte damit rechnen, in die Sowjetunion verschickt zu werden. Wir bestürmten diese Neuankömmlinge natürlich mit unseren Fragen: Wie sieht's in Deutschland aus? Wir hatten ja keinerlei Informationen. Auch die Kriegsgefangenen waren schon seit langem aus Deutschland weg, ebenso die politischen Emigranten. Und keiner von ihnen wußte, was sich nach Kriegsende in Deutschland tat.

Ich bin im ersten Jahr nach meiner Ankunft in Karaganda noch zur Schule gegangen. Aber mit vierzehn wurde ich ebenfalls zwangsverpflichtet; es hieß, Feinde des Volkes sollten ihre Schuld sühnen und im Schacht arbeiten. Ich habe es aber relativ gut getroffen, denn ich brauchte nur die Instrumentenkisten der Vermessungsingenieure unter Tage zu schleppen. Dennoch war die Arbeit sehr schwer für mich, denn ich war unterernährt und schmächtig. Ich glaube, ich trug mich schon damals mit dem Gedanken an Flucht, ich dachte immer daran. Aber wie sollte ich mich je aus dem bedrückenden Dasein befreien? Man konnte trockenen Fußes kaum in die nächste Siedlung gelangen, geschweige denn weiter aus der Stadt hinaus. Es gab damals noch keine einzige gepflasterte Straße. Die Schachtanlagen waren untereinander mit Eisenbahnlinien verbunden, da die geförderte Kohle transportiert werden mußte. So wurden die Schienenstränge als Straßen benutzt. Es waren die einzigen Wege, die nicht schlammig waren, aber es war nicht ungefährlich, dort zu gehen. Es kam oft vor, daß die Menschen im Winter, wenn es stürmte, oder bei schlechter Sicht die herannahenden Züge nicht rechtzeitig bemerkten und von ihnen überfahren wurden. Besonders nachts geschah das häufig. Und trotzdem waren diese Eisenbahnstrecken die einzige Möglichkeit, ins Zentrum der Stadt zu gelangen, das ebenfalls nicht befestigt war. Erst 1953/54 wurde eine Art Asphaltmasse da aufgetragen.

Als ich achtzehn war, machte ich endlich meinen lange gehegten Plan wahr und floh von dort, trotz der möglichen drakonischen Strafen. Denn wer auf der Flucht erwischt wurde, bekam fünfundzwanzig Jahre Straflager aufgebrummt. Auch meine Mutter wollte mich natürlich nicht gehen lassen. Sie hatte Angst um mich, aber auch davor, wieder allein zu sein, und sie mußte ja befürchten, daß es eine Trennung für immer war. Allerdings sah sie ein, daß es für mich in Karaganda absolut keine Perspektive gab, und sie hörte auf, länger in mich zu dringen. Ich habe ihr durch meinen Unverstand – mit achtzehn ist man egoistisch und denkt nicht viel nach – das große Opfer zugemutet, das sie wahrscheinlich ganz bewußt auf sich nahm, als sie erkannte, daß sie mich von meinem Vorhaben nicht abbringen konnte.

Ich hatte mich, so gut ich konnte, auf meine Flucht vorbereitet. Wir schrieben das Jahr 1952, und die Verhältnisse hatten sich schon ein wenig stabilisiert. Ich bin also einfach mit dem Zug von Karaganda weggefahren, reiste in einem richtigen Abteil, Viehwaggons wie früher gab es nicht mehr. Auch Kontrollen hatte ich kaum zu befürchten, es sei denn, ich wäre zufällig in eine Razzia hineingeraten, aber das war zum Glück nicht der Fall. Hätte man mich ohne Papiere aufgegriffen, hätte ich irgendein Märchen erfinden müssen. Nie hätte ich zugegeben, daß ich als Verbannter entflohen war. Ich sprach einwandfrei russisch und konnte gut als Russe gelten. Natürlich hätte man wahrscheinlich meine Angaben überprüft, aber es herrschte im Lande immer noch ein Drunter und Drüber, und man konnte eigentlich ziemlich leicht untertauchen. Jedenfalls vertraute ich auf meinen guten Stern.

Ich wollte nach Jurt-Iska, das war der einzige Ort in der riesigen Sowjetunion, den ich kannte, weil dort unser zweites Kinderheim gewesen war. Iska hieß der Fluß, an dem das Dorf lag, und das Wort Jurt kommt von Jurte; wahrscheinlich haben die ersten tatarischen Siedlungen aus Jurten bestanden, nach denen man den Ort benannt hat. Ich habe Jurten nicht mehr kennengelernt. Die tatarischen Dörfer, die ich kannte, bestanden aus Blockhäusern, die man aus Baumstämmen errichtete. Na jedenfalls, ich hatte in Jurt-Iska einige Freunde, mit denen ich allerdings in den letzten Jahren keinerlei Verbindung mehr hatte. Ich durfte nicht schreiben, und ihre Briefe wären sicher nicht angekommen, denn die Beförderung war höchst mangelhaft. Wahrscheinlich haben sie aber gar nicht geschrieben, denn das Schreiben bereitete ihnen große Schwierigkeiten. So kam ich also völlig überraschend dort an. Aber ich kam nicht mit leeren Händen. Ich hatte mich vor allem mit Tee eingedeckt, den die Tataren für ihr Leben gern trinken, aber nicht zu kaufen bekamen. Und dann hatte ich eine Flinte und Munition, in Sibirien eine große Kostbarkeit, zu der ich aber in Karaganda leicht gekommen war. Ich war dort Mitglied einer Jagdgesellschaft geworden. Wenn man hundert alte Rubel hinblätterte, konnte man der Gesellschaft beitreten und war nun Jäger, das ging ganz unbürokratisch. Man erhielt eine Bescheinigung, die man bei der Verkaufsstelle vorlegen mußte, und dann hatte man die Wahl zwischen sehr guten Jagdgewehren, zum Teil sogar aus westdeutscher Produktion oder aus Suhl in der DDR. Ich kaufte aber eine aus einheimischer Produktion, die nur halb soviel kostete, nämlich 450 alte Rubel. Ich verdiente damals in dem sogenannten freien Lager 1500 alte Rubel im Monat – im Zwangsarbeitslager hatten wir gar keinen Lohn erhalten –, aber auch das war nicht viel, denn für einen Anzug beispielsweise mußte man auf dem schwarzen Markt (woanders gab es keinen) 2000 bis 3000 Rubel bezahlen. Ich hätte also für einen Anzug zwei Monate arbeiten müssen. Also mit meinen Herrlichkeiten, der Flinte und der Munition, beladen, tauchte ich bei meinen Freunden auf, die mich eine Zeitlang auch gern beherbergten, denn ich bereicherte durch meine Jagd erheblich ihren Speisezettel. Ich schoß auf Enten, aber auch auf Hechte, die man vom Ufer aus auf diese Weise am ehesten fangen konnte. Jagdregeln mußte ich nicht beachten. Das heißt, es wird schon Regeln gegeben haben, aber niemand kannte sie dort. Kein Mensch hätte mir sagen können, was gejagt werden dürfe und was nicht, und so kam es schon vor, daß ich Enten schoß, die noch ihre Brut hatten, und daß die jungen Küken eingingen, wenn ihre Mutter nicht mehr für sie sorgen konnte. Auch ökologische Rücksichten kannte man nicht. Man jagte eben alles, was vor die Flinte kam, und mir dämmerte erst allmählich, daß ich den Neid des Dorfes erregte einfach dadurch, daß ich täglich mit meiner Flinte in die Wälder zog und als einziger nicht, wie alle anderen, auf den Feldern arbeiten mußte. Die Dorfbewohner waren seit Ausbruch des Krieges regelrecht verpflichtet – und daran hatte sich auch 1952 noch nichts geändert –, von Sonnenaufgang bis -untergang auf den Feldern zu sein. Es gab keine Freizeit und keine Feiertage, auch Krankheit galt nicht als Entschuldigung fürs Fernbleiben. Selbst die Kinder mußten schon mithelfen, ich schätze vom zehnten Lebensjahr an, und sie konnten ja auch nicht tagsüber zu Hause bleiben, wenn die ganze Dorfbevölkerung auf dem Felde war. Nur die ganz Alten und die Gebrechlichen ließ man zu Hause zurück. Ich war also tatsächlich der einzige, der den Vorzug genoß, tagsüber jagen zu können, und das erregte Neid. Und beneidet wurden auch meine Gastgeber, denen ich durch meine Jagdbeute manchen Leckerbissen liefern konnte. Kurz, die Lage wurde für uns alle prekär, denn meine Freunde fürchteten eine Anzeige, weil sie mich illegal beherbergten, und legten mir nahe, mich nach einer anderen Bleibe umzusehen. Sie rieten mir, mich einem Freund anzuschließen, den ich gleichfalls von früher kannte und der mir vielleicht eine Möglichkeit bieten könnte. Dieser Mann war schon vor längerer Zeit aus seiner Kolchose entflohen, wollte aber in dieser Nacht heimlich zurückkommen, um seiner Familie etwas Geld und etliche Lebensmittel zu bringen. Nur seine engsten Freunde wußten davon; er wollte auch sofort wieder weg. Die Kolchose im guten zu verlassen, das heißt, den Arbeitsplatz zu wechseln, war nicht möglich, und so hatte der Mann den illegalen Weg gewählt. Er hatte einige Dutzend Kilometer entfernt eine Beschäftigung gefunden, die ihm mehr zusagte, und einen Betrieb, der ihn als Arbeitskraft annahm, ohne nach Papieren zu fragen. Diesem Mann sollte ich mich nun anschließen.

Noch in derselben Nacht brachen wir auf. Ich hatte meine Flinte mitgenommen und Munition, einige andere Sachen aber noch bei meinen Freunden gelassen, da ich hoffte, irgendwann zu ihnen zurückzukehren. Ich ahnte nicht, wie es mit mir weiterging. Wo würde ich mich ungehindert aufhalten können? Wo konnte ich bleiben, vielleicht seßhaft werden? Vorläufig mußte ich froh sein, daß ich die Möglichkeit hatte, unterzutauchen.

Nach zwei Tagen Fußmarsch gelangten wir in die alte Kaufmannsstadt Tawda, etwa hundert Kilometer von dem Dorf entfernt. In diesem kleinen sibirischen Städtchen gab es eine Behörde, die für die Versorgung einiger Ämter, Krankenhäuser und ähnlichem mit Frischfisch verantwortlich war; zu diesem Zweck unterhielten sie Fangbrigaden, die aus den vielen Seen des Urwalds die Fische herausholen sollten. Arbeitskräfte für diese Brigaden waren immer rar, und wer sich meldete, wurde nicht lange gefragt, woher und warum er kam. Die Männer wurden zu Gruppen von je zwölf Personen zusammengefaßt und in den Urwald geschafft, wo sie blieben, bis sie den einen oder anderen See leergefischt hatten, oft viele Monate lang. Sie wohnten in provisorischen Unterkünften oder bei den seit Generationen dort lebenden Ureinwohnern, bei denen sie sich einquartierten, oft mit brutaler Gewalt, denn die Alteingesessenen scheuten jede Beziehung zur Außenwelt und wollten alles vermeiden, um, wie sie sich ausdrückten, »aufs Papier zu kommen«, also erfaßt zu werden, so daß man sie auch zum Dienst in der Armee hätte zwingen können. Wir mußten also immer danach trachten, Siedlungen zu finden, die nur aus drei oder vier Gehöften bestanden, so daß wir die Übermacht hatten und sie zwingen konnten, uns aufzunehmen. In den ersten Tagen mußte da die Entscheidung fallen. Aber es ist vorgekommen, daß eine Fangbrigade, der es gelungen war, sich Einlaß zu verschaffen, gleich in der ersten Nacht bis auf den letzten Mann umgebracht wurde! Die Ureinwohner waren in ihrem Denken so primitiv, daß sie meinten, sich auf diese Weise den »Fall« am ehesten vom Halse schaffen zu können. Sie duldeten keine Fremden in ihrer Nähe und schon gar nicht solche, die hergekommen waren, um ihren See leerzufischen, der ja auch ihnen als Ernährungsgrundlage diente. Oft dauerte es lange, ehe ein Mord entdeckt wurde. Die Flieger, die die Leute abgesetzt hatten und die beim erneuten Überfliegen des Gebietes niemanden mehr dort vorfanden, glaubten erst, daß sie sich verflogen hätten, und kurvten lange in der Gegend herum. Bis es schließlich einem von ihnen auffiel, daß die Kinder in Sachen herumliefen, die die Männer getragen hatten. Nun erst forschte man weiter und entdeckte den grausigen Mord.

Es war also immer schwieriger für uns, den bestmöglichen Einsatzort ausfindig zu machen. Wir wurden mit Flugzeugen hingebracht. Der Pilot flog so lange über den Urwald, bis er meinte, einen für uns geeigneten See entdeckt zu haben, an dem auch einige Behausungen lagen. War dort gar keine menschliche Ansiedlung, war es für uns wiederum schlecht, weil wir alles von Grund auf neu erschließen mußten, was auf dem moorigen Boden sehr schwierig war. Am besten waren also tatsächlich drei oder vier Gehöfte, bei deren Bewohnern wir uns niederließen, und die wir auch meistens rasch für uns gewinnen konnten, wenn wir sie an unseren Vorräten teilhaben ließen. Wir bekamen die wichtigsten Lebensmittel von der Zentrale in Tawda geliefert, verfügten also über Mehl, Salz, Zucker und Öl, hatten Petroleum und sogar Streichhölzer; im Urwald waren dies alles Kostbarkeiten, die wir allerdings nicht geschenkt bekamen, sondern sie wurden mit unserem Lohn verrechnet. Aber sie waren uns natürlich wertvoller als noch soviel Geld, mit dem wir sowieso nichts hätten anfangen können.

Ich will nun erzählen, wie unsere Arbeit verlief. Wir fischten mit Netzen, die wir geliefert bekamen, mit sogenannten Ziehnetzen, und zwar fischten wir von Flößen aus. Die Flöße hatten wir uns selbst gebaut, indem wir einfach ein paar Baumstämme aneinanderbanden. Die Bäume mußten vorher gefällt werden; das war aber kein Problem, denn wir waren ja mitten im Urwald. Als Werkzeug hatten wir Äxte und Sägen, die zwar nicht besonders scharf waren, aber ein paar Stämme konnte man damit schon bewältigen. Wir fuhren also auf den See hinaus, mit zwei Flößen, zwischen denen wir das Netz befestigt hatten. Dann glitten wir auseinander, beschrieben einen Kreis, um danach erneut zusammenzukommen. Und nun mußte man das Floß gut verankern, weil jetzt das schwere Netz heraufgezogen werden mußte. Der Fang wurde, nachdem man die Fische mit einer Art Köcher ausgeschöpft hatte, in geflochtenen Körben aufbewahrt, bis er von der Zentrale abgeholt wurde. Im Sommer mußte das täglich geschehen. Als Transporter dienten Kleinflugzeuge, sogenannte Doppeldecker, die in einem Faß, das hinter dem Piloten angebracht war, vier bis fünf Zentner Fisch aufnehmen konnten. Aber nicht immer war das Wetter zum Fliegen günstig, und manchmal waren die beiden zur Verfügung stehenden Flugzeuge auch reparaturbedürftig – in solchen Fällen warteten wir vergeblich auf den Abtransport, und es kam oft genug vor, daß die Fische verdarben, obwohl wir sie zur längeren Haltbarkeit schon in einer

Art Käfig im Wasser ausgesetzt hatten. Natürlich hätte man den Fisch auch einsalzen können. Aber dazu hatten wir meistens nicht genug Salz, und zum Einsalzen brauchte man auch Fässer, über die wir nicht verfügten oder zumindest nicht in genügender Menge. So kam es leider oft vor, daß die Fische, die wir unter so großen Strapazen aus dem See geholt hatten, an Land in der Hitze verfaulten. Im Winter hatten wir diese Probleme nicht. Denn es wurde auch im Winter gefischt. Da brauchten wir keine Flöße, sondern zogen mit dem Netz einfach aufs Eis, schlugen einige Löcher hinein und zogen das Netz hindurch. Die Arbeit war sehr mühselig und der Ertrag gering, weil die Tage im Winter nur sehr kurz waren. Während wir im Sommer das Netz sechs- bis siebenmal auswerfen konnten, gelang uns das im Winter höchstens zweimal am Tag. Dafür war der Fisch bei minus dreißig Grad auf Wochen und Monate hinaus konserviert. Man mußte nur zusehen, daß man ihn so lagerte, daß keine Füchse und Wölfe herankommen konnten. Das war wiederum schwierig, denn Gebäude zum Lagern gab es nicht, und in den Behausungen war es zu warm. Wir mußten uns also bemühen, den Fisch im Freien möglichst gut abzudecken.

Für mich war es sehr schwer, den Winter zu überstehen. Ich hatte keine Winterkleidung. Meine Füße steckten nur in Gummistiefeln, die schon zerrissen waren, aber bei 30 Grad Kälte kann man sowieso nicht in Gummistiefeln laufen. Ich half mir dann damit, daß ich mir, ebenso wie die Eingesessenen, aus fein gezupfter Baumrinde, einer Art Bast, eine Unterlage anfertigte, die man mit einer Schnur, ebenfalls aus geflochtenem Bast, um den Fuß wickelte. Manche zogen darüber noch einen Lederstrumpf, der aber im Nu durchgetreten war und immer wieder genäht werden mußte. Ich habe versucht, über diese Schicht meine Gummistiefel zu ziehen, aber auch das war ein sinnloses Unterfangen, denn der Gummi platzte in der Kälte an vielen Stellen auf. Ich habe dann wirklich den Winter nicht durchgestanden und bin Ende Februar oder Anfang März – da lag noch tiefer Schnee – wieder weggezogen. Doch davon später.

Insgesamt haben wir drei Seen leergefischt. Das mag übertrieben klingen. Aber wenn man bedenkt, daß wir das 200 Meter lange Netz täglich sechs- bis siebenmal auswarfen, und das mehrere Monate hindurch, so kann man begreifen, daß die Fischbestände verschwanden – sehr zum Leidwesen der Ureinwohner, die Jahre brauchen würden, um den Bestand wieder aufzubessern. Und der Fisch war ja ihre Existenzgrundlage! Fleisch hatten sie kaum. Nur im Spätherbst, wenn sie das Fleisch schon einfrosten konnten, gingen sie manchmal auf Elchjagd. Wenn sie Munition hatten, war das Jagen leicht. Sie brauchten dann nur einen guten Jagdhund, der den Elch aufspürte und auf der Stelle festhielt, bis der Jäger herankam. Der durfte sich aber auf keinen Fall sehen lassen, sonst hätten den Elch nicht zehn Hunde halten können, dann schoß er weg wie ein Pfeil. Der Jäger mußte sich also sachte heranschleichen, bis er sicher sein konnte, daß sein Schuß auch traf. Hatte man aber keine Munition, wie meistens, so mußte man abwarten, bis der erste Schnee fiel oder, noch besser, bis es Tauwetter gab und danach wieder Frost. Dann brachen die Elche in die gefrorene Eisdecke ein, zerschnitten sich die Läufe und konnten sich kaum noch von der Stelle fortbewegen. Ich habe gesehen, wie die Männer in solchen Fällen von verschiedenen Seiten an den Elch herankamen und das arme Tier, das in der Eisschicht gefangen war, mit Schlagstöcken einfach erschlagen haben.

Die Einwohner hielten auch Kühe. Sie waren aber zu bequem oder zu unbeweglich, um die Tiere im Winter mit Heu zu versorgen, obwohl das Gras um sie herum meterhoch wuchs. Es war ihnen einfach zu mühsam, Vorräte anzulegen. Sie hatten auch keine Schweine. Obwohl sie keine Moslems waren und vom Koran sicher noch nie etwas gehört hatten, hielten sie es doch für schlecht, Schweine zu halten, die sie übrigens kaum hätten füttern können. Auch ihre wenigen Pferde und die Kühe mußten mit Heu vorliebnehmen, Hafer haben die Gäule nie zu fressen gekriegt. Und ebenso wenig wie man für Nahrung vorsorgte, bereitete man sich auf den Winter vor. In südlicheren Gegenden Sibiriens ist es üblich, daß man im Sommer die Bäume fällt, Scheite zurechtschneidet und das Holz an Ort und Stelle stapelt, damit es im Laufe des Sommers gut trocknen kann. Hier tat man das nicht, vielleicht weil es zu schwierig, wenn nicht unmöglich war, das Holz im Winter mit den ausgemergelten Pferden heranzuholen. Und bis zum Winter mußte man warten, um mit dem Schlitten fahren zu können; mit Rädern wäre man im Morast steckengeblieben. Man versuchte also gar nicht erst vorzusorgen, sondern ließ alles an sich herankommen. War der Winter da, so suchte man die Gegend nach abgestorbenen Bäumen ab, und gab es die nicht, so fällte man eben grüne Bäume, mit denen es dann schwierig war, das Feuer anzufachen. So lebten die Menschen an der Grenze des Existenzminimums. Manche sind allerdings verhungert. Aber in dem Jahr, als ich da war, 1952, wurde mir kein solcher Fall bekannt.

In jener Zeit hatte ich ein Erlebnis, das mir bis heute in Erinnerung ist. Unserem See gegenüber lag ein einzelnes Gehöft, völlig abgeschieden, das von einer Großfamilie, im ganzen wohl zehn oder zwölf Personen, bewohnt wurde. Wir hatten das Gehöft schon öfter von weitem gesehen, aber niemals dort angelegt. Eines Tages jedoch kam der Sippenchef, ein alter Mann, der aber, wie ich später erfuhr, nicht viel zu melden hatte, zu uns herüber, da er uns ein Tauschgeschäft vorschlagen wollte. Er bot uns Felle an, außerdem Birkhühner, die sie mit Schlingen fingen, gefrostete Moosbeeren und Preißelbeeren; im Tausch dafür wollte er Petroleum haben. Nun, die Beeren hätten wir uns selber suchen können, aber wenn wir sie hier fix und fertig geliefert bekamen, griffen wir zu – überhaupt konnten wir für einen Liter Petroleum von dem Alten bekommen, soviel wir wollten. Er übernachtete dann noch bei uns. Er hatte zwei Tage zu uns gebraucht und wirkte erschöpft. Am anderen Morgen fühlte er sich sogar so schlecht, daß er nicht wagte, sich allein auf den beschwerlichen Heimweg zu machen, sondern uns um eine Begleitung bat. Wir hatten gerade eine faule

Phase, ich weiß nicht mehr, war das Netz kaputt oder war es zu kalt zum Fischen, jedenfalls saßen wir untätig zusammen mit den Einheimischen in den vier Wänden herum, dem einzigen Raum, der uns zur Verfügung stand – und um der Enge zu entkommen oder auch aus Abenteuerlust, war ich sofort bereit, mit dem alten Mann zu gehen. Ich trug seinen Rucksack, und er trottete vor mir her, er schwankte beim Gehen, er war wirklich nicht in guter Verfassung, der Arme. Da es früh dunkelte, mußten wir für unser Nachtlager sorgen. Da der Alte sich zu schwach fühlte, mußte ich fast alles allein machen, aber er wies mich an, welchen Baum ich zu fällen und auf welche Weise ich die Hütte zu errichten hätte, damit sie uns vor der großen Kälte Schutz bieten konnte. Zuletzt entfachten wir ein großes Lagerfeuer.

Am nächsten Tag gingen wir weiter quer über den See, und am Abend gelangten wir richtig bei der Familie an. Doch nun erlebte ich eine Überraschung: der alte Mann wurde sehr ungnädig aufgenommen, alles schrie auf ihn ein, redete durcheinander, ja, sein ältester Sohn prügelte sogar auf ihn ein – und es dauerte eine Weile, bis ich begriff, daß ich der Anlaß des Ärgers war. Man verübelte es dem Alten, daß er mich mitgebracht hatte. Am nächsten Tag sollte ein Fest stattfinden, bei dem ich nun ein zusätzlicher Esser war. Man ließ aber nicht an mir den Unwillen aus, sondern an dem Greis. Ich wurde dann doch als Gast betrachtet, und man bot mir ein Nachtlager an.

Am nächsten Tag feierte die Familie also das »Fest

des Butteressens«, ein Ereignis offenbar, das man sich nur selten leisten konnte. Wochenlang hatte die Hausfrau von der spärlichen Milch, die die einzige Kuh abgab – das waren im Winter höchstens fünf bis sechs Liter –, den Rahm abgeschöpft und fleißig gesammelt. Und jetzt brachte sie stolz den Butterberg an, der mehrere Kilo wog, und dazu gab es Fladen, haufenweise gekochten Fisch und auch gekochtes Fleisch, also Fleisch vom Elch, und auch Birk- und Auerhähne, ebenso Rebhühner, die sie gleichfalls mit Schlingen gefangen hatten. So viel Butter wie damals habe ich nie wieder in meinem Leben gegessen. Ich griff immer wieder hinein in den Butterberg genau wie die anderen, und merkwürdigerweise ist mir nicht einmal davon schlecht geworden. Es war ein richtiger Rausch des Fressens. Alles lag auf dem Fußboden um uns herum – einen Tisch gab es nicht –, und jeder haute rein, soviel er greifen konnte. Ein Rest der Butter ist sogar noch übriggeblieben. Wie gesagt, mir ist das alles großartig bekommen – nur der Rückweg hätte mich fast mein Leben gekostet. Sie hatten mich allein zurückgeschickt, und als es dunkel wurde, irrte ich noch immer herum und konnte die Stelle mit unserer Hütte nicht wiederfinden. Ich mußte mich gründlich verlaufen haben. Ich fand unsere Spur nicht wieder, es war auch schon Nacht inzwischen, und ich fürchtete, den Wölfen zum Opfer zu fallen. Ich wäre sicher erfroren in der Nacht, aber zum Glück hatte mir die Familie zwei ihrer jungen Männer nachgeschickt. Sie fanden mich und brachten mich erst mal wieder in ihre Behausung zurück, wo ich mich zwei

Tage lang von den Strapazen erholen mußte. Später haben sie mich zu meiner Brigade zurückgebracht, wobei sie die Gelegenheit nutzten, gleich wieder für sie lebenswichtige Dinge wie Salz und Petroleum bei uns einzutauschen.

Von diesem Erlebnis zehrte ich noch eine ganze Weile, zumal es mir in Wahrheit immer schlechter ging. Allmählich sah ich ein, daß ich hier nicht bleiben konnte. Meine Kleidung war völlig abgerissen, verlaust; an den Füßen hatte ich statt Stiefel nur noch Fetzen. Wie sollte es mit mir weitergehen? Zurück ins Dorf zu meinem Freund konnte ich nicht. Ich war nach wie vor ohne Papiere und durfte mich von der Obrigkeit nicht erwischen lassen. Aber auch hier konnte ich mich nicht halten. Die übrigen Brigademitglieder waren Tataren. Sie waren miteinander verwandt und unterstützten sich gegenseitig. Mein Freund aus der Kolchose half mir zwar nach Kräften, aber er hatte obendrein für seine Familie zu sorgen, die ihm ihrerseits half, indem sie seine Kleidung in Ordnung hielt und für ihn spann oder webte. Nur ich war ganz auf mich selbst gestellt. Ich entschloß mich daher zu gehen, hinterließ meinen Kumpeln, mit denen ich monatelang sozusagen auf Leben und Tod zusammen gewesen war, meine Flinte, und ging davon.

Ich wollte zunächst nach Tawda. Die dortige Verwaltung schuldete mir noch etwas Geld, das ich für die Brigade ausgelegt hatte, und ich hoffte, in der Stadt ein Paar feste Stiefel erstehen zu können. Bis Tawda waren es drei Tagesmärsche. Ich ging immer den Fluß entlang, nein, mitten auf dem Fluß, denn zu beiden Seiten erhoben sich steile Ufer. Der Fluß war sehr breit, und ich hatte gute Sicht. Aber ich mußte mich sputen, um beizeiten den nächsten Ort zu erreichen, wo ich übernachten konnte. Ich durfte mir daher keine Pause gönnen, die Tage waren kurz, und nur tagsüber konnte man vor den Wölfen einigermaßen sicher sein. Die Wölfe finden hier wenig Nahrung. Hin und wieder können sie einen Fuchs oder einen Hasen reißen, aber auch Füchse und Hasen gibt es nicht so viele. Und Elche können sich sehr gut wehren. Nur wenn sie im Eis steckenbleiben, werden sie von den Wölfen umzingelt und zur Strecke gebracht. Häufig fallen die Wölfe aber auch Menschen an, und sogar solche, die bewaffnet sind. Mir ist der Fall eines Mannes bekannt, der in eine Wolfsmenge geschossen hat, aber nicht alle sogleich tödlich treffen konnte. Die er nur verwundet hatte, überwältigen ihn und warfen ihn zu Boden. Der Mann ist von den Bestien zerrissen worden. Ich mußte also immer bedacht sein, bei Dämmerung irgendwo unterzuschlüpfen, aber ein Obdach gab es nur in den Ortschaften, und die lagen um einen Tagesmarsch voneinander entfernt.

In Tawda erhielt ich mein Geld leider nicht; der Verwalter wollte es mir nicht ohne Vollmacht geben, aber ich möchte wetten, daß er seinem Vorgesetzten berichtet hat, er hätte mir die hundertundfünfzig alte Rubel ausgezahlt. Ich hatte aber außerdem etwas Geld und durchstreifte die Läden, doch leider ohne Erfolg; es gab absolut nichts zu kaufen. Ich mußte also wieder mit meinen Gummischuhen und in diesem Bastzeug laufen. Aber wenigstens die Fahrkarte konnte ich nun bezahlen. Ich wollte nach Karaganda zu meiner Mutter zurück. Nach dreimaligem Umsteigen kam ich nach vier oder fünf Tagen dort an, wartete im Bahnhofsgebäude, bis es dunkel wurde, und schlich mich dann erst zu meiner Mutter, da mich von den Nachbarn niemand sehen sollte. Laut Gesetz drohte mir immer noch – ohne Gerichtsverhandlung – wegen ›unerlaubter Entfernung‹ strenge Bestrafung. – Mutter war natürlich glücklich, mich wieder bei sich zu haben. Sie arbeitete immer noch unter Tage im Schacht. Jetzt zerbrach sie sich den Kopf, wie ich es anstellen könnte, zu einem normalen Leben zurückzukehren. Ich könnte mich ja nicht ewig bei ihr versteckt halten, meinte sie.

Ein Zufall kam mir zu Hilfe. In unserer Nähe war kürzlich ein junger Mann meines Alters verstorben, ein Pole. Ein guter Bekannter verhalf mir zu seinen Papieren, und in Zukunft lebte ich weiter mit seiner Identität. Unsere Nachbarn werden mich zwar erkannt haben, und eine Zeitlang fürchtete ich auch, daß sie mich anzeigen würden, aber sie taten es nicht. Und ich mußte ja wieder arbeiten gehen, um Mutter nicht noch länger auf der Tasche zu liegen. Aber im Schacht, wo ich vorsprach, eröffnete man mir, daß ich, bevor sie mich einstellen könnten, eine Berufsschule absolvieren müßte. Diese Schule war Pflicht. Man brauchte sie aber nur zwei Monate zu besuchen. Nach der Prüfung wurde man auf eine der Schachtanlagen versetzt; ich kam in einen Schacht, den ich noch nicht kannte, und auch in einen anderen als den, in dem meine Mutter war. Nun war ich also wieder im Bergbau – als ob die anderthalb Jahre in Sibirien gar nicht gewesen wären. Wieder mußte ich mich verpflichten, drei Jahre nach Abschluß der Berufsschule im Schacht zu bleiben. Und ich wußte, daß man auch danach nicht entlassen wurde. Selbst den sogenannten Freien, den Wolgadeutschen und Kaukasiern, die man aus ihren Dörfern weggeholt hatte, händigte man ihre Papiere nicht aus, und ohne Papiere konnte man sich nicht fortbewegen. Praktisch waren wir alle auf Lebenszeit zwangserfaßt.

Ich war jetzt Reparaturhauer. Aber egal, wie man hieß, ein Prinzip galt für alle: nimm auf die Schippe, soviel du kannst, und wirf es möglichst weit weg, dann bist du ein guter Arbeiter. Es gab sehr viele Unfälle, aber die Toten durften uns nicht kümmern, das wichtigste war das Soll. Stimmte die Menge nicht, gab's weniger Lebensmittel. – Wir Reparaturhauer arbeiteten stets zu zweit, und wir waren relativ unabhängig. Vor jeder Schicht bekamen wir unseren Auftrag, hinzugehen, wo gerade Not am Mann war, das heißt, wo mehrere Rahmen gebrochen waren, die repariert werden mußten. Wurden durch den Schaden Transportmittel behindert oder die Fließbänder blockiert, dann mußten wir uns dranhalten, oft unter Lebensgefahr. Wenn aber der zusammengebrochene Rahmen kein Hindernis darstellte, dann hatten wir es nicht so eilig damit, den Schaden zu beheben, zumal wir nach dem benötigten Holz oft kilometerweit laufen mußten. Unsere Norm war vielleicht zwanzig Rahmen, aber niemand konnte kontrollieren, ob wir die Norm wirklich geschafft hatten, weil man nicht sah, welche

Rahmen neu waren und welche nicht. Da wir ohne Aufsicht arbeiteten, konnten wir uns manchmal sogar vorzeitig absetzen, allerdings mußten wir dann den Schichtmeister einweihen, dem wir dafür etwas zustecken mußten. »Wir werden vielleicht nachts nicht dasein«, sagten wir ihm in solchem Fall, und er wußte, daß »vielleicht« so viel wie »sicher« hieß, und drückte ein Auge zu. Wir fuhren dann abends ein und gleich wieder aus, falls der »Korb« zur Verfügung stand, was auch nicht immer der Fall war, denn der Zuständige für den Fahrstuhl hatte auch sein Soll und konnte nicht außerplanmäßig Personen befördern statt Kohle. Klappte es also nicht, dann mußten wir einen Ersatzschacht hinaufklettern, Leiter um Leiter, mehrere hundert Meter hoch, was mindestens eine Stunde in Anspruch nahm und nicht nur anstrengend war, sondern sogar gefährlich, denn wir schleppten auch den größten Teil unseres Werkzeugs mit, da wir nicht wagten, es unten zurückzulassen, wo wir es vor Dieben allenfalls unter Kohlenstaub verstecken konnten. Kam man glücklich oben an, war man naß bis auf die Haut, denn das Wasser lief seitlich die Wände hinunter. Alles in allem war das Unternehmen aufreibender als die Schicht. Aber wir nahmen die Mühsal gern auf uns: Mein Kumpel hatte eine Braut, zu der es ihn zog, und ich machte mit, weil ich ebenfalls lieber in einem Bett schlief, als im Schacht zu sein. Ich hatte auch noch einen anderen Grund, mir zusätzlich ein paar Ruhestunden zu verschaffen: Ich hatte kürzlich ein Fernstudium aufgenommen. Damals habe ich oft auf meinen Schlaf verzichtet zugunsten eines Studiums, das ich eines Tages als Bergbauingenieur abschließen wollte.

Doch nun geschah etwas, womit ich überhaupt nicht gerechnet hatte. Ich wurde zur sowjetischen Armee eingezogen. Wieder legte ich weite Strecken zurück; ich war als Soldat in der Mongolei und sogar auf den Kurilen, die Kurilischen Inseln hatten einmal zu Japan gehört. In all dieser Zeit war aber meine Verbindung zu Karaganda niemals abgerissen. Ich hatte dort einen Mittelsmann, der Post für mich, also für Alexander Glesel, in Empfang nahm und an mich weiterleitete, und so erhielt ich eines Tages die Nachricht vom Roten Kreuz, daß ich nach Deutschland ausreisen dürfe. Meine Mutter war schon im Frühjahr 1955, nach dreiundzwanzig Jahren Abwesenheit, nach Berlin zurückgekehrt; sie als Emigrantin war ja seit langem registriert. Für mich war das Verfahren langwieriger, weil ich kein Emigrant und in Leningrad geboren war. Bevor meine Mutter wegfuhr, hatte sie lange überlegt, ob sie nicht bleiben solle, bis auch mein Antrag genehmigt war. Dann aber sagte sie sich, daß sie mir von der DDR aus eher würde helfen können, und so war es dann auch. Mir aber stand noch eine heikle Aufgabe bevor: Ich mußte mich meinem militärischen Vorgesetzten gegenüber zu erkennen geben als der, der ich war. Zum Glück hatte er Verständnis für mich und ließ mich gehen, ohne mir Schwierigkeiten zu machen.

Im Herbst 1956 habe ich die SU verlassen. Ich sprach damals kein Wort Deutsch, auch mit Mutter hatte ich immer Russisch gesprochen. Ich hatte in diesem Lande, das bisher meine Heimat war, zwei Kinderheime durchlaufen, hatte als Halbwüchsiger schon im Bergwerk gearbeitet und war von dort geflohen; ich kannte die Tücken des sibirischen Urwalds, hatte studiert und zuletzt noch Soldat werden müssen. Ich besaß so viel Lebenserfahrung, wie sie die meisten Menschen mit siebzig oder achtzig Jahren noch nicht erworben haben. Und ich war erst einundzwanzig Jahre alt, als ich in Berlin den Zug verließ und Mutter mich erneut in ihre Arme schloß.

Nachtrag

Elisabeth Glesel kam Ende April 1955 in die DDR. Schon im Mai begann sie ihre Tätigkeit als Russischlehrerin an einer Erweiterten Oberschule, wo sie sofort eine Abiturklasse übernehmen mußte – eine Aufgabe, die ihr nicht leichtfiel, da sie seit ihrer Verhaftung im Jahre 1938 nicht mehr als Dozentin hatte arbeiten dürfen und sich auch die russische Grammatik erst mühsam aneignen mußte. Ihr Sohn Alex erinnert sich, daß seine Mutter damals ganze Nächte hindurch über ihren Büchern saß, um sich auf den Unterricht vorzubereiten. Sie sei eine vorbildliche Lehrerin gewesen, erzählt er, die ihre Aufmerksamkeit besonders den schwächeren Schülern zuwandte, deren Leistungen sie durch Nachhilfestunden zu verbessern suchte. 1962 schied sie aus der Volksbildung aus. Aber auch danach führte sie kein beschauliches Rentnerinnen-Dasein, sondern sie trachtete immer danach, sich nützlich zu machen. Sie gab Privatstunden, und sie kümmerte sich in Zusammenarbeit mit Mitarbeitern der Jugendhilfe um Jugendliche, die aus asozialen Verhältnissen stammten. Eine Zeitlang wohnte sie, nach einer schweren Operation, mit der Familie ihres Sohnes zusammen, aber sowie sie sich wieder kräftig genug fühlte, kehrte sie in die eigenen vier Wände und zu ihrer Selbständigkeit zurück. Nie sprach sie von dem schweren Leben, das hinter ihr lag, weder zu Kolleginnen, zu Freundinnen aus der Jugendzeit oder zu ihren Enkeln. Kein Schatten sollte auf die Sowjetunion fallen, die sie noch immer lobte und gegen jeden Andersdenkenden hartnäckig verteidigte. Ihr Glaube an den Sozialismus war unerschütterlich, und für seine Verwirklichung setzte sie sich ein bis zu ihrem Tod. Sie war 86 Jahre alt, als sie starb.

Alexander Glesel sagt heute, daß die ersten drei Jahre nach seiner Übersiedlung in die DDR für ihn die schwersten waren, schwerer als die Jahre im Bergwerk oder in Sibirien, die er als sehr junger Mensch hingenommen hatte als etwas Unvermeidliches; er hatte nichts anderes gekannt. Aber er war überall in der Sowjetunion Menschen begegnet, die ihm geholfen hatten; ohne sie, weiß er heute, hätte er nicht überlebt. Und erst in Deutschland, der Heimat seiner Eltern, war er plötzlich völlig allein, grenzenlos einsam, da er sich mit niemandem, außer mit der Mutter, verständigen konnte. Er hatte sich also bemüht, so schnell wie möglich Deutsch zu lernen, hatte als Gasthörer die Arbeiter-und-Bauern-Fakultät besucht und vorübergehend auch das Herder-Institut in Leipzig. Hier lernte er bei einer Freundin seiner Mutter seine spätere Frau kennen, die ebenfalls aus der Sowjetunion gekommen war, aber schon in den vierziger Jahren. Als Tochter eines Mitarbeiters der Komintern, der den Krieg in Paris überlebt hatte, kam sie in das internationale Kinderheim Iwanowo und wurde evakuiert, durfte aber schon bald nach Moskau und später in die DDR zurückkehren. Die beiden heirateten, und in den sechziger Jahren kamen ihre drei Kinder zur Welt, die inzwischen selber schon Kinder haben. Alex Glesel war viele Jahre als Dolmetscher tätig und betreute sowjetische Delegationen, bis er sich schließlich in der Bauakademie fest anstellen ließ, wo er seine Kenntnisse als Bauingenieur anwenden konnte. Seit dem Frühjahr 1989 ist er invalidisiert; die großen Belastungen, denen er schon als junger Mensch ausgesetzt war, haben sein Herz geschwächt. Alles was ihm an Kraft geblieben ist, verwendet er nun auf die Pflege seines Grundstücks und auf das Haus, das er sich in den siebziger Jahren bauen konnte.

Besuchsweise hat er inzwischen mehrmals die SU bereist. Sechsmal allein war er in Leningrad, davon einige Male dienstlich, aber er fuhr auch privat, um Nachforschungen über das Schicksal seines Vaters anzustellen. Heute befindet sich in seinen Händen die Rehabilitierungsurkunde vom 13. Juni 1958 sowie eine Sterbeurkunde vom 1. August 1956. Als

Todesursache ist Infarkt angegeben und als Datum des Todes der 18. 2. 1944. Wo Sally Gles verstarb, ist unbekannt, ebenso auch, in welches Lager er verschickt worden ist. Er wurde nur 34 Jahre alt.

Alex Glesel ist auch noch einmal nach Karaganda gefahren. Diesmal als Tourist. Solche Reisen sind neuerdings möglich mit zwei Übernachtungen in einem guten Hotel in der Neustadt. Die frühere Stadt bekommen die Touristen nicht zu sehen. Sie existiert auch nicht mehr in der alten Form. Die Schachtanlagen wurden geschlossen, die Kohlenvorräte sind erschöpft. Heute wohnen in den Siedlungen nur einige Schafzüchter.

Alexander hatte gehofft, in Leningrad Menschen zu treffen, die sich noch an seinen Vater erinnern konnten. Leider blieb seine Suche ohne Erfolg. Dagegen war er aber in der DDR bald nach seiner Ankunft einem Mann begegnet, Hermann G., der in Leningrad ein Nachbar der Glesels gewesen war. Alexander, der damals erst zwei Jahre zählte, konnte sich natürlich nicht mehr an ihn erinnern. Erst jetzt erfuhr er, daß Hermann G. gleichfalls im Jahre 1937, zusammen mit Sally Gles, verhaftet worden war und daß sich beide Männer noch einmal auf dem Gang zur Vernehmung begegnet waren. Sally Gles, der gerade aus dem Raum herauskam, in den der andere hineingeschubst wurde, hatte den Mantel lose über die Schulter gehängt. Sekundenlang berührten die beiden einander flüchtig im Vorübergehen, dann schloß sich die Tür hinter Hermann G., der demnach der letzte war, der Sally lebend gesehen hat.

Hermann G. hat überlebt. Aber er war später noch sechs Jahre in Buchenwald. Und obwohl die Umstände, die dazu führten, daß ein Häftling eines sowjetischen Straflagers zum Insassen eines faschistischen Konzentrationslagers werden konnte, nicht sehr unmittelbar mit den Erlebnissen von Alex Glesel zusammenhängen, halte ich es für notwendig, sie hier festzuhalten als kaum vorstellbares Beispiel dafür, was in der Stalinzeit möglich war. Ich will die Tatsachen hier ganz nüchtern vermerken, so wie sie mir Alex Glesel berichtet hat, lakonisch, scheinbar emotionslos, obwohl man ihm die innere Erregung deutlich ansehen konnte.

Nach dem Hitler-Stalin-Pakt 1939 wurde Hermann G., Häftling in einem sibirischen Straflager, in dem er sich seit zwei Jahren befand, eines Tages zusammen mit anderen Häftlingen überraschend nach Leningrad zurückgeführt. Unterwegs war es den Männern streng verboten, miteinander zu sprechen. Sie wurden unter Bewachung in ein Kulturhaus gebracht, in einen großen Saal, in dem sich schon viele ihresgleichen aus anderen Lagern befanden, mehrere hundert Personen. Wieder erging der Befehl, nicht zu reden, sondern in Ruhe alles Weitere abzuwarten; eine Order, die gehorsam befolgt wurde, denn alle waren durch die Lagerhaft eingeschüchtert. Plötzlich öffnete sich vorne der Bühnenvorhang, und man sah dahinter den Präsidiumstisch, an dem mehrere Männer saßen, in Zivil, aber auch in sowjetischer Uniform. Einer von ihnen erhob sich jetzt und erklärte in akzentfreiem Deutsch etwa folgendes: »Genossen, eure Verhaftung war ein

Fehler, den wir korrigieren wollen ...« Die Zuhörer trauten ihren Ohren nicht. Waren sie etwa frei? Doch der Redner fuhr schon fort: »Unsere Partei hat beschlossen, die Untergrundarbeit in Deutschland zu intensivieren, und euch ist die ehrenvolle Aufgabe zugedacht, illegal nach Deutschland zurückzukehren und dort eure Parteiarbeit aufzunehmen.« – Es sei alles gut vorbereitet, hieß es weiter, so daß sie unerkannt nach Deutschland gelangen könnten. Ein schwedisches Handelsschiff läge im Hafen, um sie nach Hamburg zu bringen. Dort würden sie Papiere erhalten, und man würde ihnen auch die Adressen von Genossen nennen, bei denen sie anlaufen könnten, bevor sie untertauchten. Alles müsse aber sehr rasch und heimlich geschehen, daher müßten sie verstehen, daß sie nicht erst ihre Familien aufsuchen dürften. Den Familien ginge es gut. Sie aber müßten jetzt schnellstens auf den Weg gebracht werden. Wagen für den Transport zum Hafen stünden unten bereit.

Die Männer waren betroffen. Illegale Arbeit in Deutschland? Die meisten hatten sich ja unter Lebensgefahr gerade von dort retten können, hatten Zuflucht gesucht in der Sowjetunion, und nun schickte man sie als illegale Kämpfer zurück? Aber viele mögen gedacht haben: Nur weg von hier, egal wohin. Und vielleicht konnten sie sogar, wenn sie erst auf dem Schiff waren, nach Schweden entkommen.

Der Transport zum Hafen erfolgte noch am selben Abend. In geschlossenen Wagen wurden die Männer zum Hafen gefahren, dort zunächst verpflegt und dann auf das Schiff gebracht, von dem die schwedische Fahne wehte. Schwedische Matrosen legten letzte Hand an das Schiff, das in tiefster Dunkelheit auslief. Bei Sonnenaufgang war das Land noch so nahe, daß man vom Deck aus deutlich die Spitze der Admiralität, das Wahrzeichen von Leningrad, erkennen konnte. Aber schon jetzt, als könne es gar nicht schnell genug gehen, wurde die schwedische Fahne heruntergeholt, und jemand hißte eilends die Hakenkreuzfahne. Die Matrosen, auf einmal in deutscher Uniform, lasen aus vorbereiteten Listen die Namen der Männer ab, die sie in Gruppen sortierten und unter Deck bringen ließen. In Hamburg wurden sie ausgeladen und mit Gefängniswagen unter strenger Bewachung in die verschiedenen Konzentrationslager verbracht.

Hermann G. kam nach Buchenwald auf den Ettersberg. Erst 1945 wurde er von dort befreit.

Freundinnen fürs Leben: Maria und Ruth

Im September 1978 war ich zur Kur in Bad Brambach. Dort saß mir bei den Mahlzeiten eine Frau gegenüber, die mir sofort sympathisch war. Sie war etwa in meinem Alter, vielleicht hatte sie die Siebzig auch schon überschritten. Mit ihrem blonden Haar, das sie mit Farbe aufgehellt hatte, und den feinen Gesichtszügen, die erstaunlich wenige Runzeln aufwiesen, wirkte sie sehr gepflegt. Ihre Kleidung war schlicht, doch von bestem Schnitt und verriet einen guten Geschmack. Sie war wegen eines Hüftleidens hier und ging am Stock, daher verboten sich für sie weite Wanderungen, zu denen sich die jüngeren Kurpatienten oft zusammenfanden. Wir beide trafen uns täglich zu einem kurzen Spaziergang, meist gingen wir gemächlich zum Waldcafé, das in zwanzig Minuten zu erreichen war. Bald schon vertraute Maria mir an, daß sie ein schweres, wechselvolles Leben hinter sich hätte. Ich brauchte sie nicht lange zu bitten, mir davon zu erzählen. Wir waren beide als Verfolgte der Nazizeit anerkannt, und ich fühlte, sie hatte Vertrauen zu mir. Ich will hier die wichtigsten Stationen ihres Lebens kurz skizzieren:

Maria war schon 1931 als jungverheiratete Frau mit ihrem Mann, einem Diplomingenieur, in die

Sowjetunion gegangen, die damals Spezialisten aus aller Welt an sich zog, um den sozialistischen Aufbau voranzutreiben. Aber Maria begnügte sich nicht damit, tatenlos an der Seite eines Mannes zu leben, der in jener Zeit zu den Privilegierten des Landes zählte. Sie begann Russisch zu lernen und sah sich nach einer Betätigung um. Zu ihrer großen Freude wurde ihr von der Internationalen Roten Hilfe eine Stellung als Sekretärin bei Clara Zetkin, der damaligen Vorsitzenden, angeboten. Im Herbst 1932 trat sie ihren Posten an, den sie zehn Monate lang innehatte. Clara Zetkin war damals schon krank und hinfällig. Sie war fast blind, und das Gehen fiel ihr schwer. Aber sie diktierte stets aus dem Kopf, erfaßte die wesentlichen Probleme und analysierte treffsicher alle Berichte, die Maria ihr aus den Zeitungen vorlesen mußte. Für die junge Maria, die bisher lediglich eine »Gefühlskommunistin« gewesen war, bedeutete das Zusammensein mit Clara Zetkin unendlich viel. Durch sie erwarb sie sich schon in wenigen Monaten theoretische Kenntnisse, die ihr später geholfen haben, auch schwierige Lebenslagen durchzustehen. Es tat ihr leid, als sie ihre Tätigkeit aufgeben mußte: sie erwartete ihr erstes Kind. Als der Sohn 1934 geboren wurde, lebte Clara nicht mehr. Die Eheleute nannten ihren Sohn nach einem von Claras Söhnen Konstantin.

Drei Jahre noch sollte Marias Weg glatt verlaufen, doch dann, im November 1937, traf sie ein erster Schicksalsschlag: ihr Mann wurde verhaftet. Zusammen mit anderen ausländischen Spezialisten wurde er der Spionage verdächtigt und in ein Lager verschickt. Maria hat ihn nie wiedergesehen. Auch sie verliert ihre Wohnung, und sie wird aus Moskau verwiesen, dem sie sich im Umkreis von hundert Kilometern nicht mehr nähern darf. Sie ist völlig verzweifelt, weiß nicht, wohin, zumal sie noch für ihren vierjährigen Sohn Kostja zu sorgen hat. Doch unvermutet wird ihr Hilfe zuteil von ihrer Freundin Ruth, deren Mann gleichfalls verhaftet wurde, die aber noch über ihr Zimmer in einer Gemeinschaftswohnung verfügt, in das sie nun, ohne zu zögern, auch Maria mit dem Kind aufnimmt. Man wohnt nun zu fünfen – Ruth hat außer dem eigenen Sohn Sascha noch den Zehnjährigen aus der ersten Ehe ihres Mannes bei sich – in einem Raum. Die jungen Frauen, die ohne Arbeit sind, versuchen, sich durch Handarbeiten über Wasser zu halten. Auch verkaufen sie nach und nach von ihren Habseligkeiten, was sie entbehren können. Und täglich hören sie von weiteren Verhaftungen ...

1941 – faschistische Truppen überfallen die Sowjetunion. Am Abend spricht Molotow im Radio. In der Nacht zum 23. Juni dringen drei Männer vom NKWD und ein Untersuchungsrichter in Ruths Zimmer ein, um sie zu verhaften. Auch Maria ist anwesend – illegal, doch niemand fragt nach ihr, sie bleibt wie durch ein Wunder verschont. Wahrscheinlich verdankt sie es ihrer früheren Tätigkeit bei Clara Zetkin, daß sie nicht wie viele andere, die genauso schuldlos sind, verhaftet wird und ins Lager kommt. Aber sie muß nun wirklich Moskau verlassen, wird nach Baschkurien evakuiert. Hier arbeitet sie in einem Sägewerk, in der Landwirtschaft, später, als der Krieg beendet ist, als Lehrerin. Sicher sind diese Jahre, die Maria in der Sowjetunion verbracht hat, für sie sehr schwer gewesen. Sie lebte zeitweilig unter primitivsten Bedingungen, arbeitete ungemein hart – dennoch ist ihr das Schlimmste, was einer Mutter zugefügt werden kann, erspart geblieben: sie mußte sich nicht von ihrem Sohn trennen wie ihre Freundin Ruth, die ihren kaum dreijährigen Sascha hilflos in der Wohnung zurücklassen mußte, als sie ins Gefängnis und später ins Lager kam.

Maria kehrte erst 1958 in die DDR zurück. Unter den Papieren, die sie bei sich trug, befand sich auch die Bescheinigung, daß ihr Mann rehabilitiert worden war. Sie bemühte sich sofort wieder um eine Arbeit, war als Dozentin am Leipziger Herder-Institut tätig, und auch nach ihrer Invalidisierung 1964 schickte ihr das Institut immer noch »Einzelschüler«, die sie mit besonderer Liebe betreute, gaben sie ihr doch das Gefühl, nach wie vor gebraucht zu werden.

Heute bittet man sie oft, in Wohngruppen von Clara Zetkin zu erzählen, was sie gerne tut, sofern es ihr der körperliche Zustand erlaubt. Immerhin ist sie schon Mitte Achtzig. Aber sie ist alles andere als eine Greisin. Ihr Geist ist hellwach, und mit besonderem Interesse verfolgt sie in letzter Zeit alle Veränderungen, die seit Gorbatschow in der Sowjetunion vor sich gehen. Mit ihrem Sohn und den beiden Enkeln, die nun auch schon erwachsen sind, diskutiert sie oft bis in die Nacht hinein. Und nicht der Alten, sondern eher der jungen, hübschen Schwiegertochter, die Maria von Herzen liebt, fallen schließlich vor Übermüdung die Augen zu, so daß sie zum Aufbruch drängt.

Natürlich habe ich Ende 1988, als ich die Arbeit an diesem Buch begann, auch Maria gebeten, ihre Erlebnisse auf Tonband zu sprechen. Aber sie hat abgelehnt. Ich weiß, daß sie sich seit langem mit der Idee trägt, ihre Memoiren zu schreiben, und viele ihrer früheren Schüler ermuntern sie dazu. Aber wird sie ihre Absicht noch verwirklichen können? Ich, die ich sie näher kenne, weiß, wie oft sie darüber klagt, daß ihr die Pflege ihres Körpers, der immer hinfälliger wird – sie hat zwei Hüftoperationen hinter sich, und auch das Herz macht ihr zu schaffen –, und der Haushaltskram allzu viel Zeit wegnähmen. Auch die Zeitungslektüre – sie liest regelmäßig die »Prawda«, und seit kurzem sind sogar unsere Zeitungen wieder lesenswert – will bewältigt sein, und abends lockt der Fernseher mit den neuesten Nachrichten. Bleibt daneben noch Zeit zum Schreiben?

Es muß! sagt Maria mit der ihr eigenen Energie, die ihr schon öfter in ihrem Leben geholfen hat, Schwierigkeiten zu überwinden. Einmal, sagt sie, werde sie sich in Klausur begeben und mit dem Schreiben beginnen. Sie plant ein Buch, das sie in drei Teile zergliedern will, beginnend mit ihrer behüteten Kindheit und ersten Jugend im bürgerlichen Elternhaus und endend mit ihrem dreißigjährigen Wirken in der DDR. Dazwischen natürlich die Zeit unter Stalin in der Sowjetunion, über die man endlich offen reden und schreiben müsse. Ob unser Tonbandgespräch nicht dafür eine gute Vorarbeit leisten könne? werfe ich ein. Aber sie schüttelt den Kopf. Sie will schreiben – nicht reden. Und so leid es mir tut – ich sehe ein, daß ich ihren Wunsch respektieren muß.

Doch Marias Freundin Ruth, der ich in Berlin Grüße überbringen soll, ist bereit, mir ihr Leben zu erzählen und Fragen zu beantworten, die ich ihr stellen möchte.

Ruth T., Jahrgang 1914, ist ebenfalls schon 1931 mit ihren Eltern nach Moskau gekommen. Ihr Vater war auch Spezialist. Die Siebzehnjährige arbeitet als Stenotypistin in einem Handelsbetrieb. 1937 heiratet sie einen Sowjetbürger, der ihr Interesse weckt für die Politik, und sie erwirbt die sowjetische Staatsbürgerschaft. Die einsetzenden Verhaftungen treffen sie hart: zuerst wird ihr Vater verhaftet, dann ihr Mann, ein überzeugter Kommunist, der der Spionage verdächtigt wird. Ruth ist im fünften Monat schwanger, als man ihr den Mann von der Seite reißt. Da man ihr zunächst noch erlaubt, in der Wohnung zu bleiben, nimmt sie mutig noch eine Leidensgefährtin bei sich auf, obwohl das streng verboten ist.

Hast du gar nicht daran gedacht, Marias Bitte um Aufnahme abzulehnen? frage ich Ruth. Schließlich brachtest du dich selbst in große Schwierigkeiten ...

Ruth schüttelt lächelnd den Kopf. Sie sagt: Es ist ja

gut gegangen. Wir hatten Kostja, dem vierjährigen Sohn Marias, eingeschärft, daß er jedem, der ihn fragte, sagen sollte, seine Mutter sei nur zu Besuch gekommen. Ihn durfte ich bei mir behalten, aber Maria war immer nur illegal. Sie war sogar in der Nacht dabei, als sie mich holen kamen: der Richter und drei Mann Bewachung, mit Bajonetten, als ob ich eine Schwerverbrecherin wäre. Mein Junge schreckte aus dem Schlaf, fing an zu brüllen – aber sie kümmerten sich nicht darum, schleppten mich weg.

Wie alt war Sascha, als du verhaftet wurdest?

Sascha war noch nicht drei. Zwei Jahre und acht Monate war er genau. Ich habe mich natürlich gewehrt, wollte nicht ohne meinen Jungen gehen. Aber sie sagten: Da, wo Sie hinkommen, ist es besser, Sie sind allein. Für das Kind wird gesorgt. Dem wird es besser gehen als Ihnen. Und dann haben sie mich mit dem Auto weggeschafft. Noch heute sehe ich vor mir, wie mein Junge geschrien hat. Ich durfte nicht einmal allein auf die Toilette gehen, da kam einer mit, mit aufgepflanztem Bajonett. Und dann brachten sie mich in die Butyrka.

In das Gefängnis für die Politischen?

Ja. Dort wurden wir alle gesammelt. Hunderte. Tausende. Wie die Heringe waren wir dort eingepfercht. Als der Krieg näher kam, wurden wir nach Saratow evakuiert, das liegt nahe bei Engels an der Wolga.

Dort lagen wir in Einzelzellen, in die aber acht bis zehn Frauen hineingestopft wurden – die wußten ja nicht mehr, wohin mit den vielen Gefangenen. In Saratow, das war ein ganz schlimmes Gefängnis. Dort begannen auch die Verhöre. Die geschahen immer nachts, gerade wenn wir uns niedergelegt hatten. Tagsüber mußten wir immer sitzen. Sitzen oder stehen. Wehe, wenn mal eine versuchte, sich langzumachen. Sofort wurde sie wieder hochgescheucht.

Wurdest du geschlagen?

Nein. Aber ich habe die Schläger gesehen. Die kamen in die Kabine, wo ich verhört wurde, mit so einer Art Rassel, also einer Platte, die wie ein Waschbrett aussah. Damit schlugen sie zu. Mir wurde ganz übel, als ich das sah. Aber mich haben sie nicht geschlagen.

Und was fragte man dich bei den Vernehmungen?

Na, ich sollte immer gestehen, für wen ich spioniert hätte. Aber ich konnte doch nichts sagen, ich wußte ja nichts. Doch, sagten sie, wir haben alles beobachtet. Dann wissen Sie ja alles besser, erwiderte ich; warum fragen Sie mich? Aber sie wollten es von mir erfahren. Und natürlich fragten sie auch nach allen meinen Verbindungsleuten, die ich natürlich nicht hatte. Sie fragten immer wieder dasselbe bei den vier oder fünf Vernehmungen. Und sie schoben mir einen Zettel zu, den sollte ich unterschreiben. Aber ich weigerte mich. Was Sie von mir wissen und hören möchten, sagte ich, das unterschreibe ich nicht. Und wenn Sie es mir zehnmal in den Mund legen oder befehlen, ich unterschreibe das nicht. – Und dann wurden wir ja eines Tages wieder ausgelagert. Saratow wurde schon von den Deutschen überflogen, die setzten da schon ihre »Tannenbäume«, und wir mußten ganz schnell aus Saratow fort. Da kamen wir erst mal wieder in die Etappe. Da brach Typhus aus in dem Güterwagen.

Wie lange wart ihr unterwegs?

Lange, lange. Aber der Zug blieb meist auf den Gleisen stehen. Wir fuhren gar nicht weit, den Balaschow liegt auch an der Wolga, gar nicht weit weg von Saratow. Aber dahin kamen die Deutschen noch nicht.

Das war wieder im Gefängnis?

Ja, achtundvierzig Frauen in einer Zelle. Ich lag mit der Hedi Gutmann auf einer Pritsche. Viele von uns bekamen die Krätze. Das ist furchtbar quälend. Um den Juckreiz etwas einzudämmen, pinselten wir uns mit Wäscheblau ein. Aber es half immer nur für kurze Zeit. Wir litten auch unter der Hitze. Wir sind immer nackt herumgelaufen, sonst hätte man es gar nicht ausgehalten.

Wie lange dauerte das alles?

Im Gefängnis war ich im ganzen anderthalb Jahre.

Inzwischen bekamen wir ja unser Urteil, ich hatte zehn Jahre Lager, kam nach Karaganda. Das heißt, die Stadt habe ich nie gesehen. Unser Lager hieß ›Karlak‹. Ich überlege immer, wie die verschiedenen Orte hießen, durch die wir gekommen sind, aber ich erinnere mich nicht mehr. Ich weiß bloß noch, daß ich unterwegs die Martha Globig getroffen habe, eine Gertrud Braune, eine Grete Sonntag – an die Namen kann ich mich erinnern. Ob die noch am Leben sind? Keine Ahnung. Und dann war da eine hübsche Frau, die in der Verwaltung gearbeitet hat, und die sagte zu mir, ich sollte zusehen, daß ich im Garten arbeiten könnte. Aber wie sollte ich denn das machen?

Ihr wart im Lager hinter Stacheldraht, ja?

Ich kenne nur feste Lager. Es war ja Krieg, und wir galten als Volksfeinde, die besonders scharf bewacht werden mußten. Ich habe dann wirklich im Garten gearbeitet, das heißt auf dem Feld. Das war quasi eine Erholung für mich. Nur gab es sehr wenig zu essen, sehr wenig. Aber wenn man draußen ist, gibt es immer eine Gelegenheit, und wenn's ein Grashalm ist, es ist etwas Grünes. Das Schlimme war, daß sie uns immer mit den Kriminellen zusammen in eine Brigade steckten. Und die dachten gar nicht daran, zu arbeiten, ließen uns alles tun. Dafür saßen sie aber immer an der Futterkrippe. Und wo sie konnten, habe sie uns bestohlen. Das ging schon in Saratow los. Und wir hatten ja nichts. Aber das wenige, was wir hatten, nahmen sie uns auch noch weg.

Manchmal gelang es uns, ein paar Kartoffeln zu klauen, aber wir durften uns nicht erwischen lassen, wenn wir zurück in die Zone kamen. Es wurde immer streng kontrolliert.

Also Kartoffeln habt ihr angebaut? Auch Getreide?

Ja, hauptsächlich Getreide. Kartoffeln weniger. Aber manchmal hatten wir dort die großen Steppenbrände, das ist was Grausames. Ich habe das zweimal erlebt.

Wodurch entstehen solche Brände?

Manchmal durch Selbstentzündung. Es ist doch furchtbar heiß dort und sehr trocken. Das ist ... das ist wie ein großes Feld, auf dem die Flugzeuge stehen, alle mit laufenden Motoren – so kommt das Feuer an, mit genau solchem Getöse.

Und wie löscht man das Feuer?

Wir haben Erde aufgeworfen, und dann haben wir aus Karaganik, das ist so ein Gestrüpp, Besen gefertigt und damit geschlagen. Denn Wasser gab's nicht. Wir konnten uns nur retten, wenn das Wetter umschlug und der Wind sich in Richtung auf die Schutzstreifen drehte, die wir vorher abgebrannt hatten. Aber bei starkem Wind hat das Feuer rasend schnell um sich gegriffen und die Kornfelder vernichtet. Da ging sehr viel kaputt. Und die Schafe ... Schafe rennen blind ins Feuer hinein, und da hatten wir unsere liebe Not, sie zurückzuhalten. Und das Feuer mußten wir möglichst bis zum Fluß hindrängen ...

Wie hieß denn dieser Fluß?

Ach, ich weiß nicht. Der hatte keinen Namen, der hatte ja auch kein Wasser. Aber Fische gab's da, so Weißfische, nicht groß. Die konnte man mit der Hand fangen, eben weil wenig Wasser da war. Und wenn das Feuer bis dahin gekommen war und der Wind allmählich nachließ, dann konnten wir mal wieder auf Ruhe hoffen.

Aber auf die Baracken hat das Feuer nicht übergegriffen?

Also auf das Lager nicht. Das war ja draußen in der Steppe. Weit konnten wir uns allerdings nicht entfernen, wir wurden immer bewacht. Es war überall Militär, daß heißt, unsere Bewacher waren überwiegend solche, die für den Krieg nicht mehr tauglich waren. Als Aufpasser waren sie noch gut genug.

*

Bei den Schafen war ich vier oder fünf Jahre. Dort habe ich auch zum ersten Mal von meinem Sohn gehört. Eines Tages wurde ich aus unserer Schafsfarm herausgerufen, und da riefen die Frauen gleich alle: »Paß auf, du kommst in die Freiheit!« Wir träumten ständig davon, freizukommen. Da wurde Tischrükken veranstaltet, spiritistische Sitzungen gab es und alles so was. Aber ich sollte nur in die Verwaltung kommen, in die dritte Abteilung, wie das hieß, und da wollten sie von mir die Bestätigung, daß ich mit der Adoption meines Sohnes einverstanden bin. Na, jetzt wußte ich wenigstens, daß mein Sascha lebt! Natürlich habe ich mein Einverständnis verweigert. Wenn meine zehn Jahre herum sind, habe ich gesagt, will ich meinen Sohn wiederhaben. Er ist das einzige, was mir geblieben ist. Ich habe sonst niemanden mehr. – Das hat man schweigend zur Kenntnis genommen.

Wurde er adoptiert?

Ja – gegen meinen ausdrücklichen Willen. Aber das erfuhr ich erst später. Er hat unter einem anderen Namen gelebt, mit einem anderen Geburtsdatum. Ehe ich ihn gefunden habe, das ist eine Geschichte für sich. Was ich da durchgemacht habe …

Ruth, dazu kommen wir noch. Erst mal zurück zu den Schafen. Warst du dort allein?

Nein, wir waren ein richtiges kleines Kollektiv. Wir kampierten direkt in der Steppe, in Grashütten, die wir uns selber gebaut haben. Wir haben auch im Freien gekocht, hatten sogar eine Köchin. Dabei konnte dann auch leicht mal ein Steppenbrand entstehen, wenn der Wind reinfuhr, da mußte man sehr aufpassen. Wir wurden immer dazu angehalten, daß wir das Feuer wieder löschten, aber so leicht hat man das am nächsten Tag gar nicht wieder angekriegt ...

Womit wurde denn gekocht?

Also die Schafe, die liegen doch im Stall auf ihrem Kot. Da gibt's keine Streu und nichts. Und der Kot wird dann richtig festgetrampelt und danach ausgestochen – das ist schwere Arbeit. Die Stücke stapelt man später auf wie Briketts. Das brennt sehr gut und hält auch die Glut. Ja, damit haben wir gekocht. Aber außer zu den Mahlzeiten waren wir immer in der Steppe. Wir mußten täglich etwa 30 Kilometer laufen – 15 hin und 15 zurück. Schafe laufen nämlich sehr, sehr schnell, vor allem gegen den Wind. Das haben die richtig gern, besonders wenn es sehr heiß ist.

Hattest du denn festes Schuhwerk?

Also im Winter hatten wir Filzstiefel, und im Sommer so eine Art Bastschuhe, die wir uns selber gebastelt haben. Das waren Schlappen, mit denen man sich leicht die Füße verdirbt.

Wie groß war deine Schafherde eigentlich?

Ich war zusammen mit noch einer Frau, einem jungen Mädchen, für 800 bis 1 000 Schafe verantwortlich. Die mußten wir hüten. Aber das ist nicht so schlimm, weil Schafe nämlich immer zusammenbleiben. Bloß die Böcke rennen weg, die rasen bei jeder Gefahr auseinander. Aber an den Schafen haben wir immer gemerkt, wann Mittag war. Die kommen dann alle zusammen, legen sich aber nicht hin, sondern bleiben stehen und halten die Köpfe gesenkt. So ruhen die sich aus, und dann konnten auch wir uns mal schlafen legen. Aber manchmal wachten wir auf, und es waren keine Schafe mehr da! Oder die Wölfe kamen heran. Mir hat mal einer ein Schaf gerissen. Das mußte ich dann selber bezahlen von meinem kargen Lohn. Neunzehn Rubel habe ich herausbekommen, als ich nach zehn Jahren in die Verbannung entlassen wurde. Neunzehn Rubel für zehn Jahr schwere Arbeit! Heute lacht man darüber. Aber wenn man bedenkt, was man so alles hinter sich gebracht hat ... Ich hab' mich qualifiziert. Ich konnte die Schafe scheren, schlachten und ihnen das Fell abziehen. Dabei konnte man natürlich immer was beiseite legen. Also Fleisch abschneiden, das ging nicht, man wurde ja stets kontrolliert, und die Aufsichtspersonen, die paßten sehr genau auf, denn die hatten selber Hunger. Aber irgendwas Eßbares, das man rasch überm offenen Feuer rösten konnte, fiel doch immer ab. Wir haben auch Zieselmäuse gegessen. Das ist nichts Ekliges, die fressen nichts Schlechtes. Die haben ein herrliches Fett, daran konnten wir uns schadlos halten. Die ›Freien‹, also Verbannten, haben auch Zieselmäuse gegessen. Die waren froh darüber. Da habe ich manchmal gekocht.

Was hast du eigentlich nicht gearbeitet, Ruth?

Was ich nicht gemacht habe? Ja, das stimmt, man mußte alles können. Als Mensch sieht man doch immer zu, wie man aus allem das Beste herausholen kann. Und ganz wichtig ist auch, daß du mit anständigen Menschen zusammenkommst, das spielt eine große Rolle, und gute Menschen habe ich eigentlich überall getroffen. Aber oft war man doch sehr niedergeschlagen, zum Beispiel wenn die großen Schneestürme waren. Da waren wir vollkommen eingeschneit, sahen keinen Himmel, keinen Weg. Die Tiere hatten nichts zu fressen, waren hungrig und durstig, haben sich gegenseitig totgetrampelt. Der Buran, das ist der Schneesturm, hat uns doch vollkommen abgeschlossen. Der wirbelt von unten den Schnee auf, und von oben schneit es ebenfalls. Da sieht man keine Sonne mehr, nichts. Es ist stockdunkel. Drei Tage wütet solch Sturm. Da heißt es durchhalten. Und wehe, wenn du dann unterwegs bist, da kannst du dich leicht verirren. Viele sind auf diese Weise umgekommen. Wir mußten uns an Seilen halten, wenn wir vom Stall zur Baracke gingen. Und wenn wir eingeschneit waren, mußten uns welche von außen erst mal herausbuddeln. Da war kein Dach mehr zu sehen, weder von der Baracke noch von den Viehställen, gar nichts. Aber trotz allem war die Zeit bei den Schafen noch die beste.

*

Du kamst dann in ein anderes Lager. Du allein?

Allein. Ich mußte wieder in die Sammelstelle, nach

Karaganda in dieses »Karlak«, und von dort wurden wir nach Kingirsk verschickt. Aber wie wir dahingekommen sind, das weiß ich nicht mehr, das ist mir völlig entfallen. Man hat das ja alles verdrängt die vielen Jahre lang. Aber ich weiß noch, daß da viele andere Gefangene waren. Die kamen von überallher, aus dem Norden und vom Süden. Die Männer mußten nachher im Schacht arbeiten. Da gab es Erze, Mangan und Kohle, hauptsächlich Anthrazit – aber nirgends Öl. Ich brauchte zum Glück nicht ins Bergwerk, habe nicht unter Tage gearbeitet – oben hat es mir auch gereicht. Wir haben dort, in der regelrechten Wüste, eine Stadt aufgebaut, Dscheskasgán, die ist heute sogar schon im Altlas verzeichnet. Damals war dort noch nichts, nur Sand und Steine. Mit Lastkraftwagen wurden wir hinausgefahren, und dort mußten wir Gräben ausheben für die Rohrleitungen, in die das Wasser aus dem Stausee geleitet wurde. Das Wasser ist ja immer gleich ausgetrocknet, verdunstet, darum mußten wir es in die Röhren leiten, und die Wege dazu haben wir gehackt. Immer unter der wahnsinnigen Hitze, vierzig bis fünfzig Grad.

Kann man denn dabei arbeiten?

Wir mußten. Vor allem hatten wir Durst. Aber wenn du nichts zu trinken kriegst ... Was sollten wir trinken? Ungekochtes Wasser durften wir sowieso nicht zu uns nehmen, das war Gift. Manche ließen es darauf ankommen und sind dann elend zugrunde gegangen. Es gab da auch giftige Schlangen. Die waren unter den bunten Flechten, die die Felsen überzogen, gar nicht zu sehen – und wenn wir plötzlich eine entdeckten, gab's ein großes Geschrei. Mittags hatten wir Zelte gegen die größte Hitze.

Wie viele wart ihr denn da im Lager?

Ach, das kann ich nicht sagen. Sehr, sehr viele. Auch Ukrainer waren dabei. Und dazu noch die aus anderen Lagern, solche, die an Ketten geschmiedet waren. Wir trugen überall Nummern, waren keine Menschen mehr, keine Individuen. Wir trugen Nummern auf der Brust, auf dem Knie, auf dem Rücken, am Ärmel. Und die Verpflegung ... wir haben sehr karg leben müssen. Vor allem hungerten die, die ihr Soll nicht erfüllten. Viele sind gestorben, verhungert. –

Aber ihr habt eine Stadt aufgebaut? Wie habt ihr das geschafft?

Ich mußte mauern und sogar Öfen setzen. Ich mußte alles machen. Und dann haben wir da auch die Abschußrampen für die Raketen gebaut. Baikonur – das war unser Werk! Wir haben dort planiert. Dazu haben wir wieder Gräben ausgehoben, fast drei Meter tief und ganz schmal, und da mußten wir hinunter und uns selber tüchtig mit Erde zuschütten, denn da war alles bloß Stein, wo nichts drauf wächst. Die Erde wurde mit Lastwagen von weither herangebracht und einfach so ausgeladen, und wir mußten sie mit Körben, die mitunter nicht einmal dicht waren, auf dem Kopf oder irgendwie sonst heranbringen. »Leichte Arbeit« nannten sie das. Wenn die Gräben mit Erde angefüllt waren, wurden Schutzstreifen angepflanzt, irgend so ein stachliges Gestrüpp, das im Winter auch die großen Schneemassen festhielt, die dann im Frühjahr, wenn es taute, das Ganze bewässerten. Wasser war eine große Kostbarkeit. Eine Zeitlang bekamen wir nur drei Liter pro Tag, das konnte man verwenden, wie man wollte, entweder zum Waschen oder zum Trinken – aber vorher mußte es, wie gesagt, abgekocht werden.

Wie lange warst du in diesem schweren Lager, Ruth?

Also da war ich bis zum Schluß. Bis die zehn Jahre um waren. Dann kam ich in die Verbannung, das heißt zuerst wieder auf Etappe. Etappe war das schlimmste für mich, die durchzustehen ist sehr, sehr schwer. Diese Güterwagen, die waren doch nie sauber, die hatten vorher Kohle geladen – und damit wurden dann wir transportiert. Ich kam danach wieder in ein Gefängnis. In Krasnojarsk. Da habe ich auch die Hedi wiedergetroffen. Die Hedi hatte ja nur »freie Aussiedlung« bekommen, aber sie kam auch hierher ins Gefängnis, wo alles gesammelt wurde und von wo sie uns nachher in die verschiedenen Orte schickten. Keiner wußte aber, wohin er kommt, das war das allerschlimmste. Und immer wurde man auseinandergerissen. Die Hedi war bloß noch eine Handvoll, die hat gegessen wie ein Piepmätzchen, die war sehr, sehr lieb. Aber nach drei Tagen kam sie schon wieder weg. Nur ich blieb und blieb. Ich war »frei« in Anführungsstrichen, bis ich eines Tages fürchterlichen Krach geschlagen habe, weil ich immer allein blieb. Ich konnte nicht begreifen, woran das lag. Ich habe gegen die Tür gehämmert, habe verlangt, mit dem Direktor zu sprechen, um zu erfahren, was gegen mich vorlag. Ich war doch jetzt frei, hatte meine Zeit abgesessen. Und da sagte man mir, ich wäre gar kein richtiger Häftling, sondern ich wäre dort zu Gast. Na, für solche Gastfreundschaft danke ich! Wieder sagte ich, ich möchte raus, möchte endlich etwas arbeiten, man wird ja sonst verrückt. Und da hielt man mir vor, daß ich seinerzeit, als ich aus dem Lager wegkam, den Wunsch geäußert hätte, mit einer anderen Frau, der Emma R., die auch aus Thüringen stammte, zusammenzukommen. Wir hatten die ganze Zeit in diesem schweren Lager gemeinsam gearbeitet und wollten nach Möglichkeit zusammenbleiben. Und das war schon wieder verdächtig! Warum ich mit der zusammenbleiben wollte? fragten sie mich. Ob wir eine Gruppe gebildet hätten oder bilden wollten? Und da sagte ich, ich wüßte ja gar nicht, wo die Emma sei, sie war nämlich schon vor mir entlassen worden. Wegen guter Führung wahrscheinlich. Sie war eine sehr stille und gute Frau. Und wir wollten eben in der Freizeit zusammenbleiben …

Und ist es euch gelungen?

Nein. Wir konnten uns aber schreiben, denn ich bekam ihre Adresse. Sie lebte in der Taiga, in einem ganz entlegenen Waldgebiet. Einmal, schrieb sie mir, habe sie sich beim Harzsammeln im Wald verlaufen. Nur durch ein Wunder sei sei gerettet worden.

*

Viele sagen, Verbannung sei schlimmer gewesen als das Leben im Lager? Siehst du das ebenso?

Also in der Verbannung muß man sich selbst versorgen. Mancher fand das schlimmer, ich eigentlich nicht. Aber ich kam mit vier Schwerverbrechern zusammen auf Transport, mit ihnen mußte ich zuerst sogar in einem Zimmer wohnen. Einer war ein Mörder, das heißt, er war eher ein Totschläger, er hat mir später einmal erzählt, wie es dazu gekommen ist. Da war Eifersucht mit im Spiel. Zu mir sind die vier immer sehr anständig gewesen. Also wir kamen auf Lastwagen, hatten aber keine Ahnung, wohin es ging. Wir wußten ja gar nicht, wo wir sind, hatten keine Landkarte und nichts. Es hieß bloß, es geht nach dem hohen Norden. Davor hatte ich mächtige Angst – vor Sibirien. Und dann war es da besser als in Kasachstan. Sieh mal, wir konnten uns jetzt selbst versorgen, und der Mensch findet immer etwas. Dort gab es wenigstens etwas Grünes. Da wuchs etwas. Wir kamen nach Kridiwinsk, das ist am Jenissei, zwischen Jenissei und Krasnojarsk, also näher kann ich das nicht bezeichnen. Dort habe ich beim Schiffsbau gearbeitet, in einer Sägemühle, das war sehr schwere Arbeit, sehr, sehr schwer. Und wir besaßen ja zuerst nichts. Wir hatten kein Bett, hatten nicht einmal ein Gefäß, um damit Wasser zu holen, das wurde uns alles erst später von der Verwaltung geliefert. Wir hatten auch kein Geld. Was ich ausgezahlt bekommen hatte im Lager, nach zehn Jahren Arbeit, das reichte gerade für Konfitüre. Ich hatte so einen Appetit auf Marmelade! Und vor allem sich mal satt essen können an Brot. Aber daran war gar nicht zu denken. Ach – und unsere Matratzen haben wir mit den Blüten von Disteln gefüllt oder mit Farnkraut. Die Sträucher dienten uns als Kopfkissen, es gab ja nichts. Die ganze Zeit im Lager und in der Verbannung hatte ich keine Uhr. Man mußte sich nur nach den Gestirnen richten. Auch Kalender hatten wir nicht. Wie primitiv man gelebt hat, das kommt mir jetzt erst so recht zum Bewußtsein, wenn ich darüber nachdenke. Meist versucht man ja, das alles aus dem Gedächtnis zu löschen ...

*

Du warst fünf Jahre in Sibirien. Hast du als Verbannte immer im Sägewerk gearbeitet?

Zuerst haben sie mich gefragt, was ich arbeiten will. Ja, sag' ich, ich weiß ja nicht, was es hier gibt. Am liebsten wollte ich wieder zu den Schafen gehen, weil man da immer die Möglichkeit hat, etwas abzuknapsen. Aber hier waren nur Kolchosen, und die Mitglieder konnten mich dort nicht brauchen. Blieb also nur das Sägewerk. Gewohnt haben wir in

Baracken. Zuletzt hatte ich sogar ein eigenes Zimmer, aber zuerst war es schwer. Da hatten wir nur einen Raum in einem niedrigen Haus, einer Art Blockhütte. Warm war es ja, denn Holz hatten wir genug. Wir durften uns vom Sägewerk Baumstämme nach Hause schaffen lassen, wofür wir natürlich auch bezahlen mußten, und viel verdienten wir nicht. Aber wir haben gelebt. Wenn man frei ist, kann man sich doch ganz anders bewegen als im Lager. Denn im Lager kommt man ja nirgends hin, nur zum Arbeiten durfte man raus. Und wenn man dann wieder hineinging, in die »Zone«, wurde man genau durchsucht.

Einmal erfuhr ich, daß in meiner Nähe, aber am anderen Ufer des Jenissei, eine Genossin lebt, die wie ich aus Thüringen stammt, nämlich aus Zella-Mehlis. Die wollte ich unbedingt kennenlernen. Ich erbat mir also vom Kommandanten die Erlaubnis, zu ihr zu fahren. Über den Fluß zu kommen war allerdings nicht so einfach, denn es gab natürlich kein Motorboot, keinen Dampfer oder so etwas, sondern ich mußte rudern, und die Strömung hat mich über einen Kilometer weit weggerissen. Der Fluß ist ein mächtiger Fluß, ein grausamer Fluß, aber schön, schön, die Landschaft ist herrlich dort! Bloß da gibt es die winzig kleinen Fliegen, ›Maschka‹ nennt man die, die können einen Menschen auffressen. Daran kann man kaputtgehen. Die saugen sich voll mit Blut, und das fängt an zu jucken. Du hältst es nicht aus und beginnst zu kratzen, doch davon wird es nur schlimmer. Und es gibt kaum einen Schutz gegen diese Viecher. Durchsichtigen Stoff, um das Gesicht zu schützen, hatten wir nicht, also haben wir aus Roßhaaren Netze geflochten, so fein wie möglich, und dann haben wir uns Hauben übergestülpt, ähnlich den Mützen des Ku-Klux-Klan, in die haben wir vorn die Netze eingearbeitet, das stand dann so ein bißchen ab. Aber wehe, man begann zu schwitzen; diese Maschkas setzen sich überall hin, wo was Feuchtes ist, also in die Nasenlöcher, in die Augen, an den Mund, auf die Zunge. Manchmal hat man aus Versehen draufgebissen, und der Geschmack war ekelhaft, widerlich süß.

Aber diese Frau aus Zella-Mehlis habe ich endlich gefunden. Sie war älter als ich, sie ist mir später eine mütterliche Freundin geworden. Hier wohnte sie in einem Ort, der nur aus sechs Holzfäller-Hütten bestand, mitten in der Taiga. Sie selbst konnte beim Holzfällen nicht mehr helfen, sie war schon zu alt und gebrechlich, man verwendete sie daher als Kinderfrau. Es gab ja in diesen sechs Familien auch Kinder, und mit diesen verstand die Clara gut umzugehen, sie konnte auch gut kochen. Also ich blickte da von einer kleinen Anhöhe herab auf die Siedlung, und da sah ich eine Frau langsam an den Häusern entlanggehen. Sie ging gebückt, eben wie alte Menschen gehen, und schlecht sehen konnte sie vermutlich auch, denn sie hatte keine Brille mehr, und wahrscheinlich hörte sie schwer, sie reagierte auf mein Rufen nicht, sondern ging unbeirrt weiter. Erst als ich ihr bis zu ihrer Hütte nachging, die Tür aufstieß und auf Deutsch fragte: Komme ich hier recht zu Clara Berger? – da drehte sie sich ganz langsam um, hob die Hände und sagte überwältigt:

›Ist denn das möglich, daß jemand deutsch mit mir spricht?‹ Sie hatte die ganze Zeit mit Russen zusammengelebt, ohne der Sprache mächtig zu sein. Zum ersten Mal konnte sie sich wieder mit jemandem unterhalten, sie war halb irre vor Freude! – ich habe mich dann bemüht, die alte Frau in unsere Siedlung zu holen, was mir auch gelungen ist, und hier in Prediwinsk war sie endlich wieder mit Menschen zusammen, mit denen sie reden konnte! Sie hat mir das bis an ihr Lebensende gedankt. Sie ist ein halbes Jahr, nein ein dreiviertel Jahr vor mir hier weggekommen, ihr Vater war ein persönlicher Freund von Wilhelm Pieck, und der hat sich wohl für sie eingesetzt. Leider war sie schon schwerkrank, und sie ist auch bald verstorben. Vorher hatte sie aber noch die Genugtuung, daß sie auch mir zur Rückkehr verhelfen konnte. Ich hatte ihr die Adresse meiner Eltern gegeben, hatte für sie auch ein paar Handarbeiten eingepackt, die ich aus Fischgräten gefertigt hatte – meine Mutter bewahrte die Sachen noch jahrelang auf. Die Fischgräten haben wir vorher mit einer Sicherheitsnadel, die auch eine Kostbarkeit darstellte, durchbohren müssen. Manche bekamen ja Pakete, in denen so etwas war. Nur ich bekam nie ein Paket. Meine Eltern hatten lange keine Verbindung zu mir. Erst in Sibirien erhielt ich von ihnen einen ersten Brief, und der war von meinem Vater, der sonst niemals geschrieben hat, so was mußte immer meine Mutter tun. Und jetzt erschrak ich natürlich, ich dachte im ersten Moment, meine Mutter sei tot. Das war ganz schrecklich. Ich hatte mich so gefreut, daß ich endlich eine Nachricht von zu Hause hatte.

Deine Eltern lebten in Berlin? In West oder Ost?

Na, in der DDR. Damals, als mein Vater aus der Sowjetunion abgeschoben wurde – er war doch ebenfalls verhaftet worden, aber meine Mutter hatte ihn freibekommen –, war ja in Deutschland noch die Hitlerzeit. Mein Vater hatte es sehr schwer, eine Arbeit zu finden. Es hieß immer: Das ist ein Roter! Meine Mutter, die als erste nach Berlin zurückgekehrt war, hatte wieder und wieder versucht, auch mit mir in Verbindung zu kommen, vor allem erst mal zu erfahren, wo ich geblieben bin. Aber sie hat lange keinen Erfolg gehabt.

*

Erzähle, wie es dir gelungen ist, von Sibirien wegzukommen.

Also das ist auch so eine Odyssee. Ich galt doch immer noch als Staatenlose, hing in der Luft. Kam eine Amnestie oder eine Vergünstigung für Sowjetbürger, dann war ich Deutsche. Wenn aber für die Deutschen etwas Gutes kam – da war ich wiederum die Russin.

Aber du hattest doch die sowjetische Staatsbürgerschaft – durch Heirat?

Eben nicht mehr. Die war mir durch meine Verhaftung aberkannt worden. Und ich war noch immer nicht rehabilitiert. Meine Rehabilitation bekam ich erst viel später, nachdem ich meinen Sohn gefunden hatte. Der lebte inzwischen in Litauen bei seinen Pflegeeltern, die von Moskau nach Vilnius übergesiedelt waren, wo sie unbekannt waren und wo niemand wußte, daß ihr Sohn nicht das eigene Kind war, sondern nur ein angenommenes.

Hast du erst in Sibirien deinen Sohn wiedergefunden?

Ich hatte schon in Krasnojarsk angefangen, die Adresse meiner Eltern und die meines Jungen in Erfahrung zu bringen. Gleich nachdem ich meine zehn Jahre abgebrummt hatte, habe ich alles in die Wege geleitet. Jetzt wollte ich meinen Sohn wiederhaben! Aber sooft ich geschrieben habe – auch vorher schon, während der zehn Jahre –, ich habe nie eine Nachricht gekriegt. Zehn Jahre lang.

Wohin konntest du dich denn wenden?

Von meinem Mann gab es noch Verwandte, die hätte ich fragen können, ob sie etwas wüßten. Aber ich hatte ihre Adressen nicht. Wir konnten nichts aufschreiben, hatten kein Briefpapier, keinerlei Unterlagen. Aber Krach gemacht habe ich in dem Gefängnis Krasnojarsk. Da bin ich mit einem vom Sicherheitsdienst zusammengekommen, und dem habe ich gesagt, jetzt will ich meinen Sohn wiederhaben! Ja, sie wüßten nicht, wo der sei. Aber am Leben ist er, sagte ich, denn so und so, nach 1944 muß es gewesen sein, da verlangte man von mir mein Einverständnis zu der Adoption, die ich aber nie gegeben habe. Und jetzt will ich wissen, wo mein Sohn ist! Na also, sagten sie mir, sie würden sich bemühen... Aber es dauerte noch lange, lange. Erst in Sibirien bekam ich eines Tages vom Sicherheitsdienst die Adresse des Ehepaares, das meinen Sohn – gegen meinen Willen! – dennoch hatte adoptieren dürfen. Ich wandte mich gleich dorthin, aber der Pflegevater schrieb zurück, das müsse ein Irrtum sein; sein Sohn sei nicht der, den ich suchte, es täte ihm leid. Doch wenig später bekam ich die Bestätigung vom Staatsanwalt in Vilnius, daß alles seine Richtigkeit hätte, und es handele sich um meinen Sohn. Ja, für das Ehepaar war das natürlich auch ein großer Schock. Sie hatten bisher nur gewußt, daß der Vater tot war, hatten fest angenommen, daß auch die Mutter nicht mehr lebte, und nun erfuhren sie, daß da jemand war, der das Recht hatte, ihnen den Adoptivsohn wieder wegzunehmen. Sie hatten ihn ja fünfzehn Jahre großgezogen. Sascha war drei, als ich verhaftet wurde. Er war ins Kinderheim gekommen, von wo ihn sein späterer Pflegevater weggeholt hatte. Er war ein sehr guter Mensch, mein Sohn hing sehr an ihm, für ihn war er der »Papa«. Den hat er anerkannt. Die Mutter nicht, gegen die hatte er immer etwas einzuwenden. Er war oft auch mir gegenüber sehr widerspenstig. Bloß nicht in der ersten Zeit, da hat er sich nur gefreut. Aber später, wenn ich ihm etwas verboten habe, sind wir öfter aneinandergeraten. Sein Pflegevater hat ihn wohl sehr verwöhnt.

Hast du ihn kennengelernt?

Ja, ja, ich habe sie kennengelernt, alle beide, die Eltern. Sie waren auch zu mir sehr gut. Die Frau hat mir geholfen, wo sie nur konnte, hat mir Kleidung gegeben ... Ich glaube, es hat ihnen beiden imponiert, daß ich nie aufgegeben habe.

Wurde die Adoption rückgängig gemacht?

Ja, natürlich. Es hieß, die Papiere seien angeblich verschwunden gewesen. Mein Sohn lebte ja hier in Vilnius unter einem anderen Namen, hatte eine falsche Identität, ein falsches Geburtsdatum. Der Mann hatte dort in Moskau die Patenschaft über das Kinderheim übernommen, in dem viele Kinder von Verhafteten lebten. Mein Junge ist ihm immer gleich entgegengestürzt, hat gerufen: Da ist mein Papa! So haben sie sich angefreundet. Die Frau bekam keine Kinder, und sie wünschten sich so sehr ein Kind – da haben sie eben meinen Sohn zu sich genommen. Glücklicherweise hatte er es gut bei ihnen. Der Mann war gutsituiert, hatte einen hohen Posten. Auch die Frau war hochgebildet. Aber ich weiß nicht mehr, ob sie einen Beruf ausgeübt hat, ich glaube, sie war nur Hausfrau.

Wenn ich mir nun vorstelle, du kommst nach Vilnius in diese fremde Familie, siehst deinen Sohn, den du als kleines Kind zurücklassen mußtest, plötzlich als einen erwachsenen jungen Mann wieder – wie war denn das?

Es konnte nicht schöner sein. Ich hatte vorher eine Fotografie von mir nach Vilnius geschickt, und mein Sohn holte mich allein vom Bahnhof ab. Nun muß man sich vorstellen: ich kam doch mit einem Fernzug an, der war wer weiß wie lange unterwegs gewesen, die Fenster waren völlig verdreckt – und doch hatte er mich durch die verschmutzten Doppelfenster hindurch sofort erkannt! Er lief draußen auf dem Bahnsteig neben mir her und winkte zu mir herauf, und ich wußte auch sofort, daß er es ist. Alle, die mit mir im Abteil waren und denen ich erzählt hatte, daß ich nach fünfzehn Jahren meinen Sohn wiedergefunden habe, haben mit mir vor Rührung geweint. Sascha hat mich nicht mehr von der Hand gelassen. Sind denn deine Pflegeeltern nicht mit? fragte ich ihn. Und er sagte: ›Nein, ich wollte dich allein für mich haben. Sie erwarten uns zu Hause.‹ Und so war es auch. Die hatten da ihr Häuschen, ein eigenes Haus mit Garten, mitten in der Stadt, und sie nahmen mich sehr nett auf, das kann ich nicht anders sagen. Die ganze Verwandtschaft kam später hinzu, und alle weinten vor Rührung und auch, weil sie fürchteten, daß Sascha mit mir fortgehen würde. Aber damals wußte ich überhaupt noch nicht, ob ich die Ausreise bekomme. Ich wollte zu meinen Eltern, und der Pflegevater hat mir auch geholfen, das durchzusetzen. Aber ob Sascha mitkommt, davon war noch gar nicht die Rede gewesen. Er hatte gerade mit Glanz sein Abitur bestanden und durfte sich aussuchen, wo er studieren wollte. Er wäre gern Arzt geworden, entschied sich aber für die Physik, weil er da ein höheres Stipendium bekam. Er wollte in Moskau studieren. Ganz plötzlich aber entschloß er sich, mit mir zu kommen.

Aber das alles vollzog sich sicher nicht von heute auf morgen. Wo hast du denn solange gewohnt? Bei den Pflegeeltern?

Nein, nein, das ging nicht. Die durften mich nicht behalten, weil ich ja noch ... 'ne Aussätzige war.

Immer noch?

Ja. Bis zu meiner Rehabilitierung. Die bekam ich erst Anfang 1956. Bis dahin mußte ich mir irgendeine Arbeit suchen, damit ich eingeschrieben wurde. Also arbeitete ich als Köchin in einer Teestube, das ist, ähnlich wie hier, eine Kneipe mit Mittagstisch. Gewohnt habe ich in einem Vorort von Vilnius. Dort hatte ich aber kein Zimmer, sondern nur ein Bett, also eine Schlafstelle. Das Köfferchen mit meinen paar Habseligkeiten habe ich unters Bett geschoben, und so habe ich da gelebt. Die Arbeit als Hilfsköchin, erste Küchenhilfe hieß das da, war auch nicht leicht. Wir hatten keine Kanalisation, kein fließendes Wasser, alles Dinge, die man sich heute kaum noch vorstellen kann.

Wie hat sich denn Sascha dir gegenüber verhalten? Er ist ja als Kommunist erzogen worden. Sah er in dir immer noch die Volksfeindin?

Nein, nein, Sascha war sehr für mich eingenommen.

Der ließ mich nicht von seiner Seite. Der ist auf der Straße mit mir gegangen und hielt mich immer an der Hand, damit mir nur nichts passiert. Das war schon beinahe übertrieben. In der ersten Zeit glaubte er auch nicht daran, daß ich wirklich wegfahre, also daß man mir die Ausreise genehmigen würde. Aber als ich dann wirklich in Moskau in den Zug nach Berlin stieg, da lief er immer nebenher und rief: ›Mama, tu' alles, damit ich schnell nachkommen kann!‹ Und das habe ich auch getan, und unsere Leute hier in der DDR haben mich sehr unterstützt, das muß ich sagen – so daß wir bald wieder zusammen waren. In der ersten Zeit hat Sascha bei mir gewohnt.

Und – hat er sich eingewöhnt?

Es ist ihm nicht leichtgefallen. Sieh mal, meine finanziellen Verhältnisse waren ja sehr bescheiden. Und er war das anders gewöhnt, seine Pflegeeltern lebten in sehr guten Verhältnissen. Da dachte er, daß dies großzügige Leben hier weiterginge. Aber das war nicht so. Er ging dann bald nach Leipzig ans Herder-Institut, um erst mal die deutsche Sprache zu lernen. Dann hat er Medizin studiert, das war sein größter Wunsch. Er hat später, als er schon gearbeitet hat, auch eine eigene Wohnung bekommen, ganz in meiner Nähe. Er ist sehr gut zu mir – aber immer mit ihm zusammen zu wohnen, das wäre nicht gut. Er hat einen großen Freiheitsdrang. Auch von seinen Pflegeeltern hatte es ihn damals fortgetrieben, darum wollte er ja in Moskau studieren. Er wollte aus Vilnius fort, und das habe ich auch verstanden.

Hat er noch Verbindung zu seinen Pflegeeltern?

Die sind lange tot. Er war der alleinige Erbe.

Konnte er etwas damit anfangen?

Nun sicher. Man hatte drüben das Haus verkauft, und ich arbeitete damals im Außenhandel, da konnte ich durchsetzen, daß er über die Rubel verfügen durfte. Er konnte sich dann ein Auto kaufen. Das hatte er sich immer gewünscht.

*

Ruth, wie war denn das, als du in die DDR kamst 1956? Bist du auch ins Zentralkomitee gegangen? Du warst Genossin, nicht wahr?

Nein, war ich noch nicht. Ich wollte zuerst nicht. Ich wollte mich erst wieder einleben, wollte wissen, wie es hier ist. Erst 1961 wurde ich in die SED aufgenommen.

Bekamst du eine Rente?

Nein, ich habe gleich gearbeitet. Ich hatte darum gebeten, im Außenhandel beschäftigt zu werden, weil ich darin schon von Moskau her etwas Erfahrung hatte und weil ich auch meine russischen Sprachkenntnisse anwenden wollte. Als Dolmetscherin bin ich nie tätig gewesen. Ich habe Hemmungen, wenn ich vor vielen Menschen reden soll. Das kann nicht jeder. Aber im Außenhandel war ich noch bis 1972 tätig. Wieder fünfzehn Jahre.

Als VdN bist du anerkannt worden?

Ja – sofort.

Aber man hat dich gebeten, über deine Erlebnisse in der SU zu schweigen?

Ja, ich sollte nicht darüber sprechen. Aber ich habe nie ein Blatt vor den Mund genommen. Wenn es sich so ergeben hat, habe ich mit der Wahrheit nicht hinterm Berg gehalten. Das waren doch meine Erlebnisse. Die waren schwer genug. Aber ich will nicht die Sowjetunion schlechtmachen – das will ich wirklich nicht.

Wie stehst du heute zur Sowjetunion? Wie hast du das damals gesehen? Manche dachten ja, Stalin wüßte nicht, welche Verbrechen in seinem Lande geschehen. Warst du auch dieser Meinung?

Nein, ich habe Stalin gehaßt. Hat der denn überhaupt noch sein Volk gekannt? Der hatte doch Scheuklappen vor den Augen, der kannte nur noch sich. Und der hatte ... der hatte ja wohl Verfolgungswahn, für ihn waren wir alle Verbrecher. Es ist nur gut, daß jetzt endlich alles aufgeklärt wird. Es haben ja alle darunter gelitten, alle. Es gibt nicht eine Familie, die nicht betroffen war.

Warst du inzwischen mal wieder dort?

In Moskau? Ja, da war ich dienstlich. Zweimal. Und ich war oft am Schwarzen Meer. Ich habe noch viele Freunde in der SU – noch immer. Zu ihnen bin ich sehr gern gereist. Aber jetzt kann ich nicht mehr reisen. Nicht mehr so weit. Ich kann die Koffer nicht tragen.

Du wirkst noch sehr rüstig, Ruth. Hast du gesundheitlich die ganze Zeit gut überstanden?

Nun – ich lebe noch.

Warst du viel krank? Hattest du auch Skorbut?

Ja, natürlich, auch. Ich hatte kaum noch Zähne. Einen Zahnarzt in Kasachstan, den gab's doch nicht. Aber vor allem habe ich mir diese verflixte Bruzellose geholt, das ist eine Blutkrankheit, eine Kombination von Malaria und Rheumatismus – hier kennt man das kaum. Aber dort mußte ich jedes Jahr ins Krankenhaus. Also das ist eine Art Pferdekur, die ich da aushalten mußte. Wenn ich die Spritzen bekam, mußten sie mich anschnallen im Bett, so sehr flog ich am ganzen Körper. Diese Krankheit habe ich mir von den Schafen geholt. Die leiden auch darunter, stöhnen die ganze Nacht, wenn sie davon betroffen sind. Man hat große Schmerzen.

Und hast du die Krankheit noch immer? Kann man sie hier behandeln?

Professor Brugsch hat sich eingehend damit beschäftigt. Ich habe auch regelmäßig Medizin bekommen. Allmählich, wohl durch den Klimawechsel, hat sich mein Zustand gebessert, oder sagen wir mal, die Krankheit hat sich verschoben. Mein Rükken ist völlig kaputt. Ich bin auch schon 5 cm kleiner geworden. Aber das ist eben das Alter. Ich bin ja schon 75 – habe nie gedacht, daß ich so alt werden würde.

Und du reist wirklich nicht mehr?

Doch, da steht ja schon mein gepackter Koffer. Ich fahre morgen in den Schwarzwald. Da treffe ich eine Freundin, die ich seit 38 Jahren nicht gesehen habe. Wir waren zusammen in Sibirien. Sie ist von dort in die Bundesrepublik übergesiedelt. Auch ihr Leben ist ein Roman. Den müßte mal jemand schreiben.

Hast du jemals etwas von deinem Mann gehört?

Nein, nie mehr. Ich habe doch immer nach ihm gesucht, von Anfang an. Aber es hieß immer, sie wüßten nichts. Aber es müßte doch irgendwo vermerkt sein, wo er hingekommen sei, meinte ich. Nun, was kann schon sein, hieß es dann, er sei nicht mehr am Leben. Aber woran ist er gestorben? wollte ich wissen. Wo und wie? Und da hörte ich hinter der verschlossenen Tür, wie eine zu der anderen sagte:

›Was fragt die so lange? Das ist doch ganz logisch. Den haben sie erschossen. An die Wand gestellt.‹ – Später ist er rehabilitiert worden. Nach Chruschtschow. Genau wie ich. Aber was haben wir davon? Wer gibt uns die Jahre zurück?

Ruth, wenn du dein Leben überdenkst: was war das schwerste für dich?

Das schlimmste war die Trennung von meinem Sohn. Daß ich ihn nicht großziehen konnte. Ich habe ihn als Dreijährigen zurücklassen müssen, und er war achtzehn, als ich ihn wiederfand. Er ist gut zu mir, ja, das sagte ich schon. Dafür bin ich dankbar. Aber er ist mir im Grunde doch ziemlich fremd.

Stehst du noch mit Maria in Verbindung? Besucht ihr euch manchmal?

Früher sehr oft. Entweder ich fuhr nach Leipzig, besonders als mein Sohn dort studiert hat, oder Maria kam zu mir nach Berlin. In letzter Zeit sehen wir uns nur noch selten. Das Alter... Maria ist ja noch neun Jahre älter als ich. Aber wenn wir uns sehen, ist es so, als seien wir erst gestern auseinander gegangen. Die gemeinsamen Erlebnisse in den schweren Jahren, die kitten zusammen. Und genauso wird es mir jetzt mit Emma gehen, mit der ich in Sibirien zusammen war. Sie war zuletzt in Komorowo, ich sollte sie immer besuchen, aber ich habe nie die Erlaubnis bekommen. Und jetzt fahre ich zu ihr in den

Schwarzwald. Nach so langer Zeit werde ich sie wiedersehen, und ich weiß, wir werden uns vor Freude in die Arme fallen!

Anni Sauer

Es mag Mitte der siebziger Jahre gewesen sein, als bei meiner Enkelin, die oft bei mir war, eine leichte Skoliose festgestellt wurde. Der Arzt verordnete orthopädisches Schwimmen und regelmäßiges Turnen mehrmals in der Woche. Eine Bekannte, der ich von meinen Sorgen erzählte, sagte spontan: »Dann geh' doch mit ihr zu unserer Anni, sie ist Musikpädagogin und leitet eine Kindergruppe. Wohnt ihr nicht in der Nähe der Oleg-Koschewoj-Schule? Dort in der Turnhalle üben die Kinder. Also geht hin!« – Auf diese Weise lernte ich Anni Sauer kennen.

Anni war damals um die Siebzig, wirkte aber sehr jugendlich, wenn sie, wie gerade jetzt, vor ihrer Gruppe stand und den Takt angab, wobei ihr ganzer zierlicher Körper zu vibrieren schien. Sie übte an jenem Tag mit den Allerkleinsten, die Jüngsten waren noch nicht einmal drei Jahre alt. Die Kinder sollten Purzelbäume schießen, mußten laufen, springen, langsam gehen, ja, sogar wie der Storch ›schreiten‹, danach wie ein Frosch hüpfen, wobei sie sich hinhockten und mit winzigen Sprüngen vorwärts robbten; dann reckten sie sich wieder auf und begannen zu rennen – und alle Bewegungen vollführten sie rhythmisch, im Takt der Musik, die der Pianist der

Gruppe eigens für die Kinder komponiert hatte. Auf diese ›Bewegungsübung‹ folgte die ›Musikerziehung‹. Schon den Kleinsten gab Anni ein Instrument in die Hand: Musikpfeifen aus Bulgarien, Rasseln aus Kuba, Kastagnetten, Trommeln, Triangel und ähnliches, das die Eltern der Kinder von ihren Reisen mitgebracht hatten – denn Geld für Anschaffung von Instrumenten hatte die Gruppe nicht. Zuerst hatten sie nicht einmal einen Raum gehabt, nachdem die Sporthalle in der Karl-Marx-Allee, wo Anni früher gewirkt hatte – in den fünfziger Jahren hatte sie dort für die Frauen des DFD Gymnastikkurse abgehalten –, aus irgendwelchen Gründen nicht mehr zur Verfügung stand. Doch glücklicherweise interessierte sich die Direktorin der Oleg-Koschewoj-Schule für Annis Vorhaben und erlaubte ihr, mit den Kindern in die Turnhalle zu gehen. Mit sieben Kindern hatte Anni hier angefangen. Doch rasch wuchs die Zahl an, und inzwischen hatten die Gruppen, die bereits hundertfünfzig Teilnehmer zählten, schon in mehrere Riegen aufgeteilt werden müssen. Anni widmet sich allen, den Zwölfjährigen wie den Kleinsten, mit gleicher Hingabe, mit dem gleichen Elan. Sie will die musische Erziehung der Kinder fördern, die zu ihrem Leidwesen in den Schulen vernachlässigt wird. Und ganz nebenbei erzieht sie ›ihre‹ Kinder zu Internationalisten, indem sie mit ihnen die Lieder anderer Völker singt. Ihre ausländischen Schützlinge, die beiden Mädchen aus Chile, den kubanischen und den afrikanischen Jungen, die zu der Gruppe gehören und die durch ihre fremdartige Erscheinung einen seltsamen

Glanz in das Ensemble bringen, umgibt sie mit besonderer Fürsorge.

Ich weiß nicht mehr, wann ich zum ersten Mal daran dachte, über Anni Sauer zu schreiben. War es, als ihr von der Liga für Völkerfreundschaft die Pablo-Neruda-Medaille übergeben wurde? Oder schon nach der Verleihung des Titels »Hervorragendes Volkskunst-Kollektiv« an die ganze Gruppe? Anni und ihr musikalischer Leiter hatten lange auf diese Anerkennung warten müssen. Immer noch blühten sie sozusagen im verborgenen. Und erst als die Gruppe auf einer Solidaritätsveranstaltung für Vietnam mit einer sowjetischen Polka glänzte, wurde auch das ›Haus der jungen Talente‹ auf sie aufmerksam. Nun endlich öffnete man Anni das Haus, stelle ihren Kindergruppen einen Übungsraum zur Verfügung und gab ihr vor allem auch die Mittel, um weitere Instrumente und dringend benötigtes Material einzukaufen. Bald häuften sich die Bitten um Teilnahme der Kinder an Solidaritätsveranstaltungen derart, daß Anni schon bremsen mußte. Die Kinder sollten ja nicht überfordert werden! Dennoch konnten durch ihre Mitwirkung schon in den ersten zwei Jahren 10 000 Mark in den Solidaritätsfonds eingezahlt werden. Auch die Kinder erhalten für jeden Auftritt eine kleine Vergütung. Und sie bekommen Geld, um ihre großen Ferien auszugestalten, die sie zum größten Teil zum Üben verwenden. Denn das Programm, das sie bieten, ist anspruchsvoll. Sie singen Volkslieder aus vielen europäischen Ländern, in zwölf verschiedenen Sprachen! Sie singen auf Spanisch das ergreifende chilenische Liebeslied ›Ojos negros‹, und sie singen Lieder aus Afrika, ja sogar aus Japan. Die Tanzgruppe bietet bulgarische und ungarische Tänze oder einen, den sie einfach nur ›Rhythmus‹ nennen, und bei dem sie sich völlig ungezwungen nach der Musik bewegen.

Aber warum hatte Anni, die jetzt so erfolgreiche Tanzpädagogin, erst Ende der fünfziger Jahre mit ihrer Arbeit begonnen? fragte ich mich. Und warum hatte diese Frau, die ihre letzten drei Jahrzehnte, die ich überschauen kann, mit großer Liebe fremden Kindern gewidmet hat, keine eigenen Kinder? Denn sie hat keine Angehörigen, so viel wußte ich. Sie lebt allein in ihrer Zwei-Zimmer-Wohnung nahe der Karl-Marx-Allee. Zwar hat sie Freunde im Ausland. Die Sommerferien verbringt sie, wie sie mir erzählt, meist in Bulgarien, gleichfalls bei Freunden. Und eine besonders enge Verbindung hat sie zur Sowjetunion, in die sie nach 1933 emigrieren mußte. Einmal höre ich gerüchteweise, Anni hätte viele Jahre in einem sowjetischen Lager verbracht, in Kasachstan; auch sie sei ein Opfer des Stalinismus gewesen. Sie selbst hat nie ein Wort darüber verlauten lassen. Aber ihre Augen leuchten auf, sowie die Rede auf Moskau kommt. Noch heute, gerade heute, betont sie, würde sie dorthin übersiedeln – wenn sie nur jünger wäre. Doch mit über Achtzig bleibe man lieber an Ort und Stelle. Und sie lebe ja nun schon seit über dreißig Jahren in der DDR. »Und bist noch immer nicht heimisch geworden?« frage ich betroffen. »Haben wir dir das Wiedereingewöhnen so schwer gemacht?« – Sie bedenkt mich mit einem langen, leicht spöttischen Blick. Ob ich denn annehmen könne, es sei leicht gewesen, immer schweigen zu müssen?, fragt sie dagegen. Und sie fügt hinzu: »Wir Betroffenen sind doch Menschen ohne Vergangenheit. In meinem Fragebogen heißt es lakonisch: Ab 35 bis 56 in der Sowjetunion. Danach Rückkehr in die DDR. Alles, was dazwischen liegt, meine achtzehn schweren Jahre im Lager und danach die in der Verbannung, habe ich aus dem Fragebogen streichen müssen. Darüber hätte ich den Mund zu halten, ließ man mich wissen. Wie lange? Neuerdings rechnet die Sowjetunion selber mit ihrer stalinistischen Vergangenheit ab. Also dürfen auch wir endlich reden? Ich weiß es nicht.«

Ich frage Anni, ob sie ihre Erinnerungen vielleicht eines Tages aufschreiben werde? Aber sie verneint. Ihre Hände seien schon zu alt und zittrig, um die Feder zu halten oder auf der Maschine zu tippen. Aber wenn ich zuhören wolle? Sie sei bereit zu erzählen: ohne Übertreibung, ohne Beschönigung, nach bestem Gewissen, so, wie es in Wirklichkeit gewesen sei. – Und ich höre ihr zu.

»Nach meiner Ausbildung in Tanz und Pädagogik Ende der zwanziger Jahre wohnte ich vorübergehend in Düsseldorf; dort bin ich 1931 in die Kommunistische Partei eingetreten. Ich fing dann gleich an, mit Kindern zu arbeiten. Das waren Arbeiterkinder, die sich die meiste Zeit selbst überlassen waren. Die Mütter gingen arbeiten, während die Väter arbeitslos waren oder im Gefängnis saßen. Daher mußten auch die Kinder schon Geld verdienen; sie trugen Zeitungen aus. Als ich meine Kindergruppe zusammen hatte, sind wir häufig auf Parteiveranstaltungen aufgetreten. In dieser Zeit lernte ich auch meinen Mann kennen oder, wie man damals sagte, meinen Freund, denn zur Heirat ist es zwischen uns nie gekommen, weil uns das Schicksal auseinandergebracht hat. Mein Freund arbeitete in einem literarisch-politischen Kabarett, das von den Nazis 1933 verboten wurde und das sich mit einigen anderen emigrierten Schauspielern im ›Palais Royal‹ in Paris etablierte. Mein Mann ging also nach Paris, und ich folgte ihm – als Jüdin konnte ich sowieso in Berlin nichts werden. Ich stellte auch in Paris gleich wieder eine Kindergruppe zusammen. Wir tanzten und sangen nach Art der Agitprop-Gruppen. Die standen damals nicht wie die Leute heute vor dem Mikrophon, sondern haben sich frei auf der Bühne bewegt und ihre Sachen gestaltet. Wir zeigten tänzerische Gymnastik, Bewegungstänze, zu denen wir unsere Lieder sangen. Um Geld zu verdienen, habe ich abends, bis tief in die Nacht hinein, auf den Boulevards kommunistische Zeitungen verkauft. Da gab es nette Leute, Sympathisierende, die ein Zeitung kauften und sie mir auf ihrem Rückweg wiedergaben, so daß ich sie noch einmal verkaufen konnte. Eines Nachts aber wurde ich beim Verkauf der AIZ, die ein Foto enthielt, das angeblich gegen Frankreich gerichtet war, verhaftet. Ich kam aufs Polizeipräsidium, verbrachte dort eine Nacht und wurde am nächsten Morgen vernommen. Danach ließ man mich zwar wieder frei, aber ich wurde aus Frankreich ausgewiesen. Zuerst hieß es, ich müsse sofort das Land verlassen, aber nach Fürsprache eines Freundes, der über gute Beziehungen verfügte, wurde der Ausweisungsbefehl um ein Jahr hinausgeschoben. Dann aber erhob sich die Frage: Wo sollte ich hin? Die Schweiz, wo ich Freunde hatte, nahm mich nicht auf, weil ich Kommunistin war. Aber ich hatte einen Bruder in der UdSSR, er arbeitete am Marx-Engels-Institut in Moskau, und er setzte sich dafür ein, daß ich ebenfalls einreisen konnte. Überglücklich fuhr ich ab. Mein Freund, der ja nicht ausgewiesen war, wollte zunächst noch in Paris bleiben, aber so schnell wie möglich nachkommen. Wir trennten uns 1935. Keiner von uns ahnte, daß es eine Trennung für immer war.

Von dem dürftigen Leben in Paris war ich recht mitgenommen, so daß ich mich in Moskau zunächst in ärztliche Behandlung und in eine ›Ernährungsklinik‹ begeben mußte. Als ich mich einigermaßen gekräftigt hatte, ging ich ins ›Zentralinstitut für Kultur‹, das hieß damals ›Stalin‹, und bat darum, mich irgendwo einzusetzen. Bekanntlich fand 1936 in Berlin die Olympiade statt, an der die Sowjetunion nicht teilnahm; aber man bereitete eine Art Gegen-Olympiade in Moskau vor. Ein Fest der Kultur war geplant, eine Großveranstaltung auf dem Roten Platz, und für diese Gelegenheit sollte ich mit 400 Kindern eine große Bewegungs-Schau einstudieren. Wir wurden, da gerade Ferien waren, zu einem großen Park gefahren, und dort probten wir von morgens bis in den späten Nachmittag. Die Aufführung war ein großer Erfolg. Man hat uns sogar gefilmt, und nach den Festtagen wurde ich im Institut fest angestellt. Ich erhielt auch den Auftrag, ein Buch über Gymnastik und Tanz, also über den modernen Tanz, zu schreiben. Alles war gut und perfekt, ich war natürlich sehr glücklich, zumal man mir auch versprach, mich im nächsten Sommer ins Pionierlager nach Artek zu schicken, wo ich mit den Kindern arbeiten sollte. Doch daraus wurde nichts mehr. 1937 wurde ich eines Tages überraschend ins Ministerium für Inneres gerufen, wo man mir eröffnete, daß Ausländer nach Artek nicht mehr reisen dürften. Eine nähere Begründung gab man mir nicht. Ich war wie vor den Kopf geschlagen, ahnte aber nicht, daß das erst der Anfang war.

Es folgte eine unsichere Zeit. Plötzlich wurde unser ›Klub ausländischer Arbeiter‹, in dem auch Dimitroff und Wilhelm Pieck verkehrten, geschlossen, und keiner wußte, warum. Auch die Mitglieder der ›Kolonne Links‹, eine Gruppe, die schon 1932 in Deutschland nicht mehr hatte auftreten dürfen, und die auf weiten Umwegen, über China, in die Sowjetunion gekommen war, wurden verhaftet. Ebenso Béla Kun von der Komintern und mit ihm viele ungarische Emigranten. Wieder etwas später wurden viele polnische Genossen verhaftet, und schließlich hörte man von verschiedenen deutschen Antifaschisten, die verschwunden seien. Nach und nach wurden alle ausländischen Emigranten, also die Tschechen, Bulgaren und Jugoslawen und selbst Spanienkämpfer, die aus Spanien entkommen waren und in der Sowjetunion Zuflucht suchten, von der NKWD abgeholt. Unter den Russen waren es vor allem die führenden Militärs und die Intellektuellen, die unter der Anklage des Trotzkismus oder der Spionage verhaftet wurden. Viele, wie zum Beispiel Bucharin, der Chefredakteur der ›Prawda‹ und ein guter Freund Lenins, wurden erschossen. Es gab für ihn und viele seinesgleichen kein normales Gericht, sie durften sich nicht verteidigen, bekamen auch keinen Antwalt zugebilligt. Der Staatsanwalt hieß Wyschinsky. Also es gab keine Verhandlung, sie wurden nicht angehört, sie wurden verurteilt – und erschossen! Wo sie geblieben sind, weiß kein Mensch, es gibt von ihnen keine Begräbnisstätte.

Mich brachte man in das Gefängnis, in dem früher die Bolschewiki gesessen hatten. Es war das Gefängnis für die Politischen, die Kriminellen kamen woandershin. Einer von der Wache erzählte uns, daß das Gefängnis bereits 25 000 Insassen hätte. Es sei absolut kein Platz mehr darin, sagte er, und man müsse schon auf andere Gefängnisse ausweichen. Mein Bruder zum Beispiel kam woandershin. Ich blieb vier Monate in dem Gefängnis. Wir wurden nicht zur Vernehmung geholt, kamen nicht vors Gericht – eines Tages erhielten wir nur einen Zettel, auf dem stand, daß wir wegen § 56 Abs. 6 (das ist Spionage) ins Lager überführt würden. Ich hatte acht Jahre bekommen. Ich mußte nur unterschreiben, daß ich den Zettel gelesen hatte, das war alles.

Am nächsten Tag wurden wir in eine Kammer geführt, wo alle versammelt wurden, auch die Frauen und Kinder der Militärs, die man bereits erschossen hatte. Ein fünfzehnjähriges Mädchen war darunter, das man auf dem Heimweg von der Schule, so wie es war, im Trainingsanzug, aufgegriffen und hierhergebracht hatte. Auch wir durften keine Sachen mitnehmen. Es hieß immer, es ginge nur zum Verhör, wir kämen bald wieder nach Hause. Wir bekamen kein Kissen, keine Decke – gar nichts. Die Kammer war überfüllt. Wir schliefen auf Holzbrettern, aber man konnte nur liegen Kopf an Fuß, so eng war es. Die Holzbretter lagen rings an den Wänden, und in der Mitte der Kammer befand sich ein Bottich, wo man tagsüber seine Notdurft verrichten mußte; auf die Toilette zu gehen war nicht erlaubt. Man konnte sich nur einmal morgens oberflächlich waschen, und das nutzte man dann auch für anderes aus. Die Frauen und Kinder der Militärs mußten sogar auf dem Boden schlafen, auf den kalten Fliesen.

In der Frühe wurden wir zum Abtransport aufgerufen und kamen in eine andere Kammer. Hier konnten wir überhaupt nicht mehr liegen, sondern mußten die ganze Zeit stehen. Das einzig Gute hier war, daß die Wände über und über mit Namen bekritzelt waren, die wir eifrig studierten, um vielleicht Bekannte darunter zu finden. Wir wurden auf verschiedene Lager verteilt, keiner wußte aber, wohin er kam, es wurde auch nichts gesagt. Eine junge Polin, die verzweifelt ihre Unschuld beteuerte, sich auch beschwerte, weil sie nicht vor Gericht gestellt worden war, machte man kurzerhand mit einer Spritze gefügig. Das war die übliche Praxis. Auch bei den Vernehmungen wurden die Häftlinge mit einer Spritze versehen – danach unterschrieben sie, was man von ihnen verlangte. Wenn sie später bei der Verhandlung wieder klar waren und widerrufen wollten, verbot man ihnen zu reden und hielt ihnen die frühere Aussage vor, die ihre angebliche Schuld bewies.

Wir Häftlinge wurden mit dem ›Schwarzen Raben‹, wie der Gefängniswagen auf russisch heißt, nach außerhalb von Moskau gefahren, wo schon ein langer Zug auf uns wartete. Uns Frauen, etwa 165 an der Zahl, steckte man in einen Viehwaggon, wir fuhren und fuhren, und als wir nach langer Zeit ausstiegen, waren wir ringsum von lauter Männern umgeben, die, damit man sie besser abzählen konnte, im mannshohen Schnee knien mußten. Wären sie aufrecht stehen geblieben, hätte man leicht die kleinen übersehen können. Es herrschte eine bittere Kälte – vierzig Grad minus! Die Männer waren mit Jacken und Filzstiefeln ausgestattet, aber wir Frauen trugen nur das, was wir bei der Verhaftung auf dem Leibe hatten, also ganz leichtes Zeug. Ich hatte an den Füßen nur meine Sommersandalen und um den Körper eine alte abgelegte Wattejacke, das einzige Kleidungsstück, mit dem man uns versehen hatte. Zum Glück war der Aufseher vernünftig, als er uns sah, und verzichtete darauf, uns abzuzählen. Er fürchtete wohl, daß wir hier draußen in unseren dünnen Sachen erfrieren würden. Wir durften also gleich wieder zurück in einen Viehwaggon. Diesmal war es darin so eng, daß wir uns zum Schlafen immer abwechseln mußten; eine Gruppe schlief am Tage und die andere nachts. Zu essen bekamen wir nur ein Stück Brot und einen Hering – den wir aber ablehnten, weil wir nichts zu trinken hatten. Wir verfügten alle zusammen nur über sechzehn Trinkschalen. Immer wenn der Zug hielt – das geschah mehrmals auf freiem Feld –, durften wir aussteigen. Aber nur die Jüngeren unter uns trauten sich, von dem hohen Waggon herabzuspringen, die Älteren blieben drin. Wir Jüngeren beeilten uns nun, die wenigen Trinkschalen mit Schnee zu füllen, den wir später auf dem kleinen eisernen Ofen im Waggon auftauen ließen. Aber es gelang uns nie, ein wirklich warmes Getränk zu erhalten, weil immer viel zu viele auf etwas Trinkbares warteten und das Gefäß vorzeitig an sich rissen. Die Fahrt dauerte etwa drei Wochen. In Swerdlowsk wurden wir abgehängt, während die fünftausend Männer weiter nach Sibirien fuhren, wo sie im Schacht arbeiten sollten oder auch im Wald Bäume fällen. Unser Frauen-Waggon wurde an einen Zug angehängt, der nach Kasachstan fuhr. Einmal noch mußten wir unterwegs umsteigen und kamen in einen Waggon, in dem auch Kriminelle waren, die natürlich schon die besten Plätze um den Ofen mit Beschlag belegt hatten. Wir Neuankömmlinge standen an die Wand gepreßt und bibberten vor Kälte. Aber wir waren ja die ›Verräter des Volkes‹, also schlimmer als Kriminelle.

In Kasachstan war es bitterkalt, und da wir bis zum Lager noch eine weite Strecke zu laufen hatten, rannten wir Jüngeren immer voraus, um uns in unseren dünnen Fähnchen etwas warmzulaufen. Doch sofort brüllte uns der Aufseher an: Wir sollten stehen bleiben, sonst würde er schießen. Wir sind aber trotzdem vorausgelaufen, wir konnten nicht anders, es war so bitterkalt, und uns war schon alles egal –

aber er hat nicht geschossen. Und auch der Wachhabende im Lager war wieder ein vernünftiger Mensch und hatte ein Einsehen: Als er sah, daß wir kaum etwas auf dem Leibe und an den Füßen hatten, ließ er uns passieren. Wie gesagt, die Temperatur betrug minus 40 Grad. Wir hatten einmal, das war 1943, sogar minus 63 Grad. Bei solch extremer Kälte konnten wir natürlich nicht arbeiten, weil wir sofort erfroren wären. Auch wenn wir uns in der Schüssel unser Essen holten und zu diesem Zweck kurz hinausgingen, durften wir bei der Rückkehr die Klinke nicht mit der bloßen Hand berühren; die Haut wäre sofort daran haften geblieben. – Aber ich will zunächst erzählen, wie es weiterging.

Unser Zentrum in Kasachstan war Karaganda. Von hier aus wurden die Gefangenen auf die verschiedenen Lager verteilt. Doch nun stellte es sich heraus, daß man auf so viele Häftlinge gar nicht vorbereitet war. Uns brachte man daher in ein Lager, das noch 750 Kilometer von Karaganda entfernt war, dort war die sogenannte Hungersteppe, die trostloseste Einöde, die man sich vorstellen kann. Dort gab es keinen Baum, keinen Strauch, keinen Vogel, keinen Schmetterling und, was das schlimmste war, nicht einmal Wasser! In der einzigen vorhandenen Baracke hatten bisher Kriminelle gewohnt, die aber weitergeschickt worden waren. Weil sie für uns alle nicht ausreichte, mußten wir zuerst einmal weitere Baracken bauen; dazu fertigten wir uns Ziegelsteine aus Erde. Und dann mußten wir vor allem einen Brunnen graben! Das Graben in der Steppe, wo es niemals regnet, ist eine schwere

Arbeit, weil die Erde knochenhart und trocken ist. Aber ganz allmählich entstand doch ein schmaler Schacht. Da ich die Kleinste und Schmalste von allen war, haben mich die anderen an einer Strippe hinuntergelassen und nach einer Weile, wenn ich unten genügend Erde ausgeschöpft hatte, wie einen Eimer wieder hochgezogen. Aber wir mußten bis zu dreißig Meter graben, bis endlich Wasser kam.

Im März waren wir im Lager angekommen. Alles war tief verschneit, und damit die Maschinen überhaupt durchkommen konnten, mußten wir den Schnee mit den Füßen feststampfen. Inzwischen hatte man uns etwas warme Kleidung gegeben: Wattejacken, Wattehosen und Wattestiefel, alles allerdings stark abgetragen. Auch auf dem Kopf hatten wir Watte, die aber nicht wärmt wie etwa Wolle. Man mußte sich also bewegen, ob man wollte oder nicht, sonst wäre man erfroren. Viele sind dennoch in der ersten Zeit gestorben, sind erfroren oder langsam verhungert. An Hunger starben alle, die die Norm nicht erfüllten, und die daher nur die kleinsten Rationen bekamen. Im allgemeinen erhielten wir drei Mahlzeiten: morgens gab es einen dünnen Brei, die sogenannte Kascha, und mittags eine Suppe, in der, wenn man Glück hatte, ein paar Kohlblätter schwammen. Aber auch sie bekam man nur, wenn man die Norm erfüllt hatte. Wer sie nicht schaffte, erhielt auch kein Abendbrot, das wiederum aus einem dünnen Brei bestand. Die Brotzuteilung schwankte zwischen 600 und 200 Gramm. Letzteres erhielten wieder nur die Schlechtarbeiter, also hauptsächlich die Professoren, Wissenschaftler und

Ärzte, die ebenfalls im Lager lebten. Die Intelligenzler taten uns am meisten leid. Ihnen fiel es am schwersten, sich umzustellen. Sie hatten nie körperlich gearbeitet und waren sehr ungeschickt. Sie waren auch psychisch am Ende. Ständig diskutierten sie, warum, wieso und weshalb, aber sie änderten ja dadurch nichts, sondern machten alles nur noch schlimmer. Wir Frauen waren realistischer. Unter uns gab es nur sehr wenige, die sterben wollten. Auch ich lag ein paarmal schwer darnieder, aber ich habe mich immer wieder aufgerafft, weil ich den festen Willen hatte durchzukommen. Auch die anderen wollen unbedingt überleben.

Mit den Toten machten wir nicht viel her. Im Winter wurden sie in eine Baracke gebracht und übereinander geschichtet, wo sie rasch zu Gerippen gefroren. Waren genügend Skelette beisammen, so wurden sie auf Schlitten geladen und, wie so Stücke Holz, in die Grube gekippt, die wir schon im Sommer zwei Meter tief hatten graben müssen. Wenn die Grube voll war, kamen nachts die Wölfe und Schakale und holten die Gerippe, an denen noch etwas Fleisch war, wieder heraus. Im ersten Jahr hatten wir noch Einzelgräber gegraben, aber als wir sahen, daß so viele starben, ging das nicht mehr, und wir warfen alle ins Massengrab. Ich verstehe bis heute nicht, daß man in der Steppe noch nicht die Massengräber gefunden hat, die bis oben hin mit Leichen angefüllt sind. War die Grube voll, so schippten wir sie zu und hoben eine neue Grube aus. Zum Graben hatten wir nur Schaufeln – oder sogar nur die Hände.

Erst nachdem die neuen Baracken fertiggestellt waren, hatte jede von uns einen Platz zum Schlafen. In der Mitte des Raums stand ein Ofen, den wir ebenfalls aus Ziegelsteinen gebaut hatten. Darüber hingen ständig unsere Fußlappen und die Wattehandschuhe zum Trocknen. Zum Heizen hatten wir nur Steppengras, das im Mai gemäht und aufgehäuft und im Winter von einem Ochsenschlitten hereingebracht wurde. Der Schlitten fuhr auf den Barackenhof, und dann durften je vier von uns davon nehmen, soviel sie tragen konnten. Klar, daß wir immer die aussuchten, die die längsten Arme hatten. Das Heu haben wir dann büschelweise in den Ofen geschoben, das reichte knapp für zwei Stunden. Wir haben uns auch Beutel genäht und sie mit Heu vollgestopft, so daß wir Kopfkissen hatten. Zum Zudekken hatten wir nichts, so daß wir uns auch nie zum Schlafen ausziehen konnten. Richtig waschen konnte man sich auch nicht, allenfalls ein bißchen das Gesicht und die Hände besprengen; wir hatten weder Seife noch ein Handtuch zum Abtrocknen. Die ganze Zeit über habe ich kein Handtuch zu sehen bekommen. Alle zehn Tage etwa holte man uns in die ›Banja‹, dort stand ein Kübel mit heißem Wasser, damit mußten wir uns die Haare waschen, den Körper und die Wäsche, die man am Leibe trug. Um trocken zu werden, mußte man sich bewegen, umhertanzen, was mir nicht so schwerfiel, aber den alten Leuten ... Neben mir lag eine Polin, Kommunistin, die weinte oft bitterlich. Mein ganzes Leben lang, sagte sie, bin ich Kommunistin gewesen, und jetzt sitze ich hier im Lager, weil ich angeblich eine

Spionin bin! Immer habe ich ehrlich für die Partei gekämpft, 70 Jahre lang, wiederholte sie, und jetzt ... Sie war oft sehr verzweifelt, und sie starb auch bald.

Überhaupt haben die wenigsten Häftlinge das Lager überlebt, vielleicht 25 Prozent. Das Leben war zu hart. Wir hatten ja keine Maschinen, nur Ochsen, mit denen sollten wir das Land urbar machen. Das Ganze war ein riesiges Experiment; man wollte sehen, ob aus der Steppe etwas zu machen sei. Wir pflügten also mit Ochsen, aber in der harten Erde ging der Pflug meist kaputt. Im Sommer dagegen war es so heiß – 40 bis 50 Grad plus –, daß es wieder kaum erträglich war, manchen Leuten konnten man die Haut wie ein Fell abziehen. Medikamente waren nicht vorhanden. Es gab nur eine Ärztin, eine Wienerin, die mit einem Russen verheiratet war; sie war für uns Frauen zuständig und für deren Kinder, die in einem Sonderlager untergebracht waren und denen man nicht erlaubte, mit ihren Müttern zusammenzukommen. Die Zwölfjährigen mußten schon genauso hart wie wir arbeiten. Ich denke oft, bei uns war es schlimmer als in Sibirien. Dort gibt es eine Vegetation, bei uns war nichts als Dürre und Einöde. Sie hatten auch viele Alte in unser Lager gesteckt, weil die Steppe sowieso zu nichts nütze war. Wir sollten erst versuchen, etwas daraus zu machen, es war ein Experiment. Und, kaum zu glauben, wir schafften es! Wir haben den Boden kultiviert. Wie wir das machten?

Also zuerst haben wir die Erde beackert, das heißt den Boden mit dem Pflug gelockert. Dann kam der

Winter und sehr viel Schnee. Der Schnee blieb aber nie liegen, sondern er wurde vom Sturm über die ganze Steppe geweht. Wir hatten schon oft daran gedacht, daß man den Schnee zum Bewässern der Steppe gut hätte ausnützen können, aber wir waren ja alle keine Spezialisten und wußten nicht, wie man das anstellen sollte. Aber eines Tages kam doch ein Spezialist zu uns. Es war der Schwager von Berija, dem engsten Mitarbeiter von Stalin, der im Ministerium für Melioration in Tiflis gearbeitet hatte. Dort wurde er verhaftet und bekam zehn Jahre. Seine Frau, also Berijas Schwester, war mit ihrem dreijährigen Kind zu ihrem Bruder gegangen, um sich zu beschweren, aber ohne Erfolg: Berija warf sie mit dem Kind hinaus. Auch der Verhaftete schrieb an seinen Schwager, erhielt aber nie eine Antwort. Für uns war der Fachmann ein wahres Geschenk. Er ging gleich zielbewußt daran, gemeinsam mit uns den Schnee zu ein bis zwei Meter hohen Wällen aufzutürmen, gegen die der nachfolgende Schnee dann gepreßt wurde und liegenblieb, selbst wenn Stürme kamen. Im Frühjahr mußten wir durch die Steppe flache Kanäle graben, in die der Schnee, wenn es taute, hineinfließen konnte. Später bauten wir auch Staubecken. Die Erde wurde gesprengt, hundert Meter tief, und wir klaubten von unten die Steine heraus. Immer hinunter die hundert Meter und hundert Meter wieder herauf, von morgens bis abends – eine Knochenarbeit! Als das Becken fertig war, wurde das Wasser aus den Gräben eingelassen. Das war eine Freude für uns, nun hatten wir endlich Wasser! Jeden Morgen durfen wir uns jetzt zwei Eimer

Wasser für die Baracke holen. Im Laufe der Zeit bauten wir noch ein zweites und ein drittes Staubecken, und dann konnten wir sogar schon Gemüse anbauen. Es gab Mohrrüben, Tomaten und sogar Melonen, aber natürlich nur für die Wachmannschaften, wir konnten uns höchstens was klauen. Immerhin war unser Dasein schon ein wenig leichter geworden. Wir hatten die Steppe urbar gemacht, und eines Tages fingen wir sogar mit der Viehzucht an. Wir hielten Schafe. Eine Zeitlang mußte ich 250 Schafe hüten, was auch nicht ganz einfach war. Man mußte höllisch aufpassen, daß sie nicht auseinanderliefen, denn sonst hieß es gleich, man betreibe ›Schädlingsarbeit‹, das wurde streng bestraft.

Nach Kriegsbeginn wurde alles wieder sehr schwer für uns. Wir Politischen wurden streng isoliert, kamen hinter Stacheldraht, nur die Kriminellen liefen frei herum. Da es in unseren Baracken keine Toiletten gab, hatten wir draußen eine tiefe Kuhle gegraben, über die wir Stangen legten, auf die man sich hocken mußte. Doch die Älteren unter uns konnten sich schlecht darauf halten, sie verloren leicht die Balance und fielen in die Grube hinein. Sie weinten, wenn wir sie wieder herausholten, und schämten sich, obwohl sie doch gar keinen Grund dazu hatten. – Dann ging der Krieg zu Ende, und meine Strafzeit war ja eigentlich längst abgelaufen, aber eines Tages erhielten wir den Bescheid, daß unser Urteil in ›lebenslänglich‹ geändert worden sei! Nur für die Kriminellen gab es nach einiger Zeit eine Amnestie; sie kamen in ein Lager, in dem andere Bedingungen herrschten: sie hatten jetzt besseres Essen und eine gute ärztliche Betreuung. Das hatte wohl Adenauer bei seinem Besuch erwirkt. Bloß an uns Politische hatte er nicht gedacht; die Verbrecher lagen ihm mehr am Herzen als wir Kommunisten.

Die letzte Zeit im Lager waren wir mit den Kriminellen zusammen. Die hatten nur gehört, daß wir Spione seien und waren sehr frech zu uns. Erst allmählich kamen sie dahinter, was wir wirklich waren, nämlich überzeugte Kommunisten, aber das änderte an ihrer Haltung zu uns nichts. Ich als eine der Jüngeren mußte mit ihnen zusammenarbeiten. Ich sollte das Feld mit den Ochsen, die dauernd angetrieben werden mußten, beackern. Aber so sehr ich mich auch bemühte, ich konnte die Norm nicht schaffen. Die Ochsen gehorchten mir nicht, sie rührten sich nicht von der Stelle. Eine Zeitlang machte der Brigadier gute Miene zum bösen Spiel, er schrieb für mich die volle Norm, obwohl ich nur ein Viertel geschafft hatte. Endlich verlor er die Geduld. ›Du weißt genau‹, brüllte er mich an, ›daß die Ochsen nur auf ganz bestimmte Schimpfwörter reagieren. Also lern' die gefälligst!‹ – Was blieb mir anderes übrig? Ich lernte die Schimpfwörter von den Kriminellen, und tatsächlich, jetzt reagierten die Ochsen und ich schaffte die Norm.

Nach Stalins Tod wurden wir aus dem Straflager entlassen. Aber weil in der Steppe Arbeitskräfte gebraucht wurden, die man obendrein nicht entlohnen mußte, schickte man uns in die Verbannung – das war in gewisser Hinsicht noch schlimmer als das Lager, in dem wir uns, wie ich schon sagte, nach und nach eingewöhnt hatten und wo wir schon bestimmte Vorteile für uns zu nutzen verstanden. Aber in der Verbannung waren wir ganz auf uns selbst gestellt, niemand kümmerte sich darum, wie und wovon wir lebten – wichtig war nur unsere Arbeitskraft. Die Einwohner lebten noch in Jurten. Wir mußten von früh bis spät arbeiten und erhielten als Entgeld 300 Gramm Getreide, das noch dazu erfroren war, denn der Frost war in jenem Jahr früh gekommen. Was macht man mit einer Handvoll Getreide? Wie kann man es für den Menschen genießbar machen? Wir wollten es mahlen, aber die Kasachen, die ihr gutes Getreide zwischen zwei Steinen mahlten, erlaubten uns nicht, auch unser schwarzes Getreide damit zu mahlen. Zu meinem Glück freundete ich mich mit einer Kasachin an. Sie war in einem russischen Waisenhaus aufgewachsen und als Halbwüchsige an einen fünfzigjährigen Kasachen verheiratet worden. Zu ihr ging ich nun jeden Morgen in aller Frühe und mahlte für sie das Getreide, und sie erlaubte mir, auch mein Getreide zu mahlen. Aus dem Mehl habe ich mir dann ohne weitere Zutaten, nur mit Wasser und Salz, eine Art Eierkuchen bereitet. Als Feuerstelle diente mir die Ofenplatte, einen Herd gab es nicht. Wenn die Pampe auf der einen Seite getrocknet war, drehte ich das Ganze auf die andere Seite und schlang dann alles hinunter. Man kann sich ja denken, daß das Zeug so gut wie keinen Nährwert hatte, es war gerade nur, daß man den Magen eine Weile besänftigen konnte, aber weiter auch nichts. Ich wurde dann bald sehr krank, mein ganzes Bein war offen, trotzdem habe ich mich weiter so hingeschleppt. Wieder mal hatte ich Glück im Unglück, da ich nicht mehr die schwerste Arbeit zu machen brauchte. Denn ein Russe, der das Vieh behandelte, wir hatten ja dort auch Kühe, schlug vor, daß ich für die Kasachen, die keine Schule besucht hatten und die nicht lesen und schreiben konnten, die Aufstellungen für die Milchwirtschaft machte. Nun saß ich zwar sozusagen an der Quelle, aber mogeln konnte ich auch da nicht, denn die Milch hätte ja den Melkerinnen an ihrer Norm gefehlt, das konnte man nicht machen. Die Melkerinnen selbst setzten sich einfach unter die Kuh und tranken sich statt, die hatten es da einfacher.

Jetzt, da meine Arbeit leichter war, konnte ich auch wieder an anderes denken und hatte Muße, meine Umgebung wahrzunehmen. Inzwischen waren die Wolgadeutschen, die man ausgesiedelt hatte, hier angekommen. Sie mußten gleichfalls hart arbeiten, und ihre Kinder, für die es keine Schulen gab, lungerten den ganzen Tag herum und wußten nicht, was sie beginnen sollten. Da habe ich abends die Kinder um mich versammelt, habe mit ihnen gespielt und ihnen auch etwas Rechnen und Schreiben beigebracht. Inzwischen aber hatte sich mein Bein so verschlimmert, daß mich der Sanitäter, das war der, der mit den Ochsen arbeitete, ins Dorf schickte, und von dort schickten sie mich sofort ins Bezirkskrankenhaus. Aber auch da wollten sie mich nicht behandeln, sondern sie transportierten mich mit einem Lastwagen nach Karaganda in die Chirurgie. Dort mußte ich drei Monate liegen. Narkose gab es nicht, und so erlebte ich bei vollem Bewußtsein, wie mir der Arzt das Fleisch vom Knochen löste und wie er alles zuletzt vernähte – er meinte selbst, ich hätte mich sehr tapfer gehalten.

Ganz allmählich lernte ich wieder laufen, und ich hätte eigentlich wieder zurückfahren können – doch da fragte mich die Ärztin eines Tages, ob ich in der Kinderstation arbeiten wolle? Ich sollte Kindern, die an Scharlach erkrankt waren und isoliert werden mußten, täglich eine Spritze geben und sie auch sonst betreuen. Ich mußte bei ihnen im Zimmer schlafen, war ebenfalls isoliert, und natürlich bestand die Gefahr, daß ich Scharlach bekam. Doch glücklicherweise habe ich mich nicht angesteckt. Die Ärztin war so zufrieden mit mir, daß sie mein Bleiben bei ihrem Mann, der beim Sicherheitsdienst arbeitete, durchsetzen konnte. Da war ich also eine Zeitlang als Sanitäterin tätig. Zu meinem Tätigkeitsbereich gehörte auch die Apotheke, wo ich den Boden wischen und alle mögliche Drecksarbeit verrichten mußte. Dafür bekam ich aber eine Suppe extra, das war schon was wert. Außerdem beschäftigte ich mich in jeder freien Minute mit den beiden Kindern der Ärztin, die ja beruflich stark eingespannt war, so daß sich die Kinder viel selbst überlassen waren, denn Kindergärten gab es dort nicht. Im Krankenhaus mußte ich den Patienten ebenfalls immer die Spritzen verpassen, auch den Männern, worum mich eine junge Schwester, die sich genierte, eigens gebeten hatte. Na, mir machte es nichts aus, diese Männer waren ja sowieso keine Männer mehr, die sind auch fast alle gestorben.

Eines Tages – das war schon unter Chrustschow –

hörten wir im Radio die Aufforderung an alle, die im Lager oder in der Verbannung waren, daß sie um ihre Rehabilitierung einkommen sollten. Natürlich taten wir das alle, aber nach kurzer Zeit kamen die Briefe wieder an uns zurück: die Ämter konnten die vielen Eingaben gar nicht bewältigen, es waren ja an die zwanzig Millionen! Wieder verging lange Zeit, und dann hieß es, daß wir eine erneute Eingabe diesmal an unsere örtliche Dienststelle richten sollten. Und es hieß weiterhin, daß alle, die in der Freiheit Angehörige hatten, zurückfahren dürften. Ich hatte aber niemanden. Von meinem Bruder hatte ich lange nichts mehr gehört, erst später erfuhr ich, daß er erschossen worden war. Inzwischen waren in Moskau aber auch die Botschaften der einzelnen Länder tätig geworden. Sie hatten die ersten, die aus dem Lager gekommen waren, bei sich untergebracht, und die mußten alle, die sie im Lager gekannt hatten, namhaft machen und ebenfalls nachholen. Auf diese Weise waren viele Ungarn, Polen, Bulgaren und Jugoslawen schon zurückgekommen. Nur an uns Deutsche dachte niemand, uns wollte man am liebsten vergessen. Ich verdankte es dann der Frau und dem Sohn von Karl Liebknecht, daß ich nach Moskau gekommen bin. Dort mußte ich aber zunächst neun Monate lang in der Klinik bleiben. In diese Zeit fiel auch meine Rehabilitierung, die ich aber nicht selbst in Empfang nehmen konnte. Der Liebknecht-Sohn hat das für mich getan. Das war im Jahr 1957 – also zwanzig Jahre, nachdem man mich in Moskau verhaftet hatte. Ich übersiedelte dann in die DDR. In die Bundesrepublik zu gehen ist mir nie in den Sinn gekommen, dann hätte ich ja die Verbindung zu meinen sowjetischen Freunden verloren. Das wollte ich auf keinen Fall.

In Berlin führte mich mein erster Weg ins Zentralkomitee der SED. Der Genosse in der Kaderabteilung bat mich, einen Fragebogen auszufüllen, den er aber sofort, nachdem er ihn gelesen hatte, wieder zerriß. Ich hatte darin alles aufgeführt, was ich in den vergangenen Jahren erlebt und erlitten hatte. Aber das durfte nicht sein, und heute verstehe ich es ein wenig: Ich und auch andere, die jetzt zurückkamen, wir waren ja lebende Zeugen einer Barbarei, die unter Stalin um sich gegriffen hatte, und das paßte nicht zu der damals geltenden Losung, daß wir von der Sowjetunion lernen sollten. Ich durfte auch keine Arbeit annehmen, denn man wollte verhindern, daß ich mit anderen zusammenkam: Ich hatte nur zu schweigen. Mit dem Konsulat in Moskau war vereinbart worden, daß man mich hier erst mal zur Erholung in ein Sanatorium schickt, doch auch davon war keine Rede. Statt dessen sollte ich in irgendein entferntes Dorf übersiedeln. Doch da begehrte ich auf, drohte damit, daß ich sofort wieder nach Moskau zurückfahren würde, wo man mich besser verstand. Doch inzwischen hatte sich Max Vallentin, der mich von früher kannte, für mich eingesetzt, und ich kam endlich zu meinem Recht.

Die vielen Aufregungen hatten mich wieder sehr mitgenommen, und ich mußte erneut ins Krankenhaus. Fünf Monate lang lag ich in Buch. Und als ich von dort entlassen wurde, da fragte ich nicht mehr lange, ob ich arbeiten dürfe oder nicht. Ich handelte auf eigene Faust. Ich fing an, mit den Frauen vom Demokratischen Frauen-Bund Gymnastik zu machen, und später ging ich dazu über, auch mit den Kindern zu arbeiten, denn denen gehört nun mal meine ganze Liebe. Das war vor beinahe dreißig Jahren. Aber ich hatte es sehr schwer, mich durchzusetzen!«

Anni Sauer war im Januar 1989, als ich das Gespräch mit ihr führte, 83 Jahre alt. Trotz ihres hohen Alters ging sie noch immer mehrmals in der Woche ins »Haus der jungen Talente«, um mit ihren Kindern zu üben. Und wie gewohnt, bereitete sie die Gruppen wieder darauf vor, an einem Gala-Abend in einem der großen Säle der Hauptstadt ihr Können zu demonstrieren. Den Erlös eines solchen Abends überwies sie stets auf das Solidaritäts-Konto; sie selbst arbeitete nicht, um Geld zu verdienen. Sie hätte genug zum Leben, sagte sie mir. Ihre Arbeit würde jetzt überall anerkannt, sie sei sogar durch Medaillen geehrt worden. Aber kein noch so hoher Orden, meinte sie, könne ihr die achtzehn Jahre zurückgeben, die sie so lange aus ihrem Gedächtnis habe verdrängen müssen. Über die zu reden aber endlich die Zeit herangereift sei!

Im Sommer reiste Anni wieder, wie stets, nach Bulgarien. Dort hatte sie sich schon sehr schwach gefühlt, und nach ihrer Rückkehr begab sie sich sofort in ein Krankenhaus. Ich hatte ihr schon vor ihrer Reise den Text unseres Tonbandgespräches zugestellt, und wir sprachen telefonisch darüber. Sie war einverstanden mit der Veröffentlichung. »Wann wird das Buch erscheinen?« fragte sie mich. »Erst im nächsten Jahr? Kann man es nicht schneller drucken? Es ist nötig, daß die Menschen endlich von uns erfahren!« – Sie fragte mich auch nach Adressen von Leidensgefährten. Sie wollte ihre Namen nach Moskau weiterleiten, wo ein Mahnmal für die Opfer des Stalinismus errichtet werden soll.

Anni wird das Mahnmal, auf dem auch ihr Name steht, nicht mehr zu sehen bekommen. Sie starb Anfang Oktober im Krankenhaus Buch. Ihre Beisetzung fand auf dem Friedhof der Sozialisten in Berlin-Friedrichsfelde statt. Die Kinder im »Haus der jungen Talente« müssen nun ohne sie auskommen. Die Leiter des Hauses betrauern den Verlust einer Genossin, »deren Lebensinhalt die musische Erziehung von Kindern und Jugendlichen und die Erziehung zu Völkerverbundenheit und internationaler Solidarität war«. Ihre jahrzehntelangen Erfahrungen und ihr reiches Wissen würden ihnen noch lange fehlen, heißt es in der Todesanzeige.

Wer Anni Sauer wirklich war, werden die meisten erst jetzt erschüttert zur Kenntnis nehmen.

Frieda S. erzählt

Ich bin 1908 geboren, in einem kleinen schlesischen Dorf, das jetzt zur Volksrepublik Polen gehört. Mein Vater war Bauer, er war sehr arm. Er hatte nur zwei Kühe und das kleine Haus, ich weiß noch, er konnte mir nicht mal eine Schürze kaufen. Ich wollte daher bald von zu Hause weg, auf eigenen Füßen stehen. Als ich die siebente Klasse in der Schule hinter mir hatte, nahm ich in einem Nachbarort eine Stellung an. Dort hatte ich es sehr schwer, denn die Hausfrau hatte Brustkrebs und lag im Bett, ich mußte sie pflegen und auch den Haushalt mit den drei Kindern versorgen. Und ich war ja erst fünfzehn Jahre alt! Ich wurde dann bald sehr krank, und Mutter mußte mich wieder nach Hause holen, um mich gesund zu pflegen.

Meine zweite Stellung war in Görlitz. Dort gefiel es mir schon etwas besser, zumal ich es gut getroffen hatte, denn der Professor und seine Frau hielten mich wie ihr eigenes Kind. Ich bekam aber doch wieder Sehnsucht nach unserem Dorf, und bald war mein Heimweh so stark, daß ich an Gelbsucht erkrankte, so daß ich wiederum nach Hause mußte. Als ich wieder einigermaßen gesund war, schrieb ich auf eine Zeitungsannonce. Ein Krankenhaus in Berlin suchte eine Hilfskraft. Ich bewarb mich und durfte mich vorstellen, und die Oberschwester, die wohl gleich sah, daß ich ein dummes Ding vom Lande war, dem man alles mögliche zumuten konnte, stellte mich ein.

Natürlich mußte ich im Krankenhaus die ganze Schmutzarbeit machen, für die sich die anderen zu gut waren. Also ich mußte die Patienten waschen, ihnen die Ente unterschieben, die Medikamente verteilen – aber sowie etwas Schlimmeres passierte, rief ich die Oberschwester, die aber, wie ich spürte, schon ganz zufrieden mit mir war. Und eines Tages sagte sie zu mir: »Frieda, wir bekommen hohen Besuch. Den lege ich auf Ihre Station, und Sie werden ihn versorgen. Gut?« – Der hohe Besuch, das war Tschitscherin, der damalige Außenminister der Sowjetunion, also das, was später Gromyko war. Aber ich hatte natürlich keine Ahnung, wer das war, für mich war er ein Patient, der hochgradig zuckerkrank war und genaue Diät einhalten mußte. Tschitscherin war mit seinem Sekretär gekommen. Die beiden bewohnten zwei Zimmer auf der Station. Das Zimmer von Tschitscherin war stets verschlossen; wer zu ihm wollte, mußte immer erst durch das Zimmer des Sekretärs, also von Herrn Mander, wie er bei uns hieß. Erst später erfuhr ich, daß sein wirklicher Name anders war: er hieß Lepinlausk. Bei der Geheimpolizei, für die er arbeitete, hatte er den Spitznamen »Fuchs«, denn es hieß, er sei so schlau wie ein Fuchs, wenn es galt, irgend etwas auszukundschaften. Das alles erfuhr ich aber erst, als wir schon beide in Moskau waren, denn Eduard – so hieß er mit Vornamen – wurde mein Mann. Und das war so gekommen:

In der ersten Zeit hatten wir einander kaum beachtet. Ich war noch so jung und dumm, kaum zwanzig, und Eduard war doppelt so alt wie ich. Ich muß ihm aber doch gefallen haben, denn bald merkte ich, das er jede Gelegenheit ergriff, um meine Hand zu halten, länger, als unbedingt nötig war. Und eines Tages trafen wir uns, wie ich glaubte zufällig, beim Spazierengehen. Und danach richtete er es stets so ein, daß wir uns begegneten, wenn ich draußen irgend etwas zu besorgen hatte. Für ihn war es nicht so einfach, sich frei zu machen, denn Tschitscherin mußte immer jemanden um sich haben. Eduard mußte also stets für Ersatz sorgen, wenn er sich mal entfernen wollte. Einmal wurde aber doch auf seinen Chef ein Attentat verübt, und zwar war das draußen, als sie beide im Auto fuhren. Die Kugel ging aber zwischen beiden hindurch, und es ist nichts passiert. Dennoch brach Tschitscherin bei uns seine Zelte ab; er sollte anschließend zur Kur nach Wiesbaden fahren. Eduard mußte natürlich mit. Er war aber noch nicht lange weg, da schrieb er mir schon, daß ich nachkommen solle, er habe für mich ein Zimmer gemietet. Na, ich dumme Gans tat ja immer, was er mir sagte. Ich gab also sofort meine Arbeit auf und fuhr nach Hause, um dort ein paar Sachen unterzustellen, und dann fuhr ich los nach Wiesbaden, ohne richtig zu wissen, wo das liegt und was für ein Ort das ist. Aber ein entfernter Verwandter, ein Eisenbahner, hatte mir erklärt, welchen Zug ich nehmen mußte, und die Fahrkarte hatte ich von Eduard bekommen. Meine Mutter wollte mich zuerst nicht weglassen, sie hatte Angst um mich, und sie barmte, wer weiß, welchem Strolch ich da in die Hände gefallen sei. Sie redete aber vor tauben Ohren, ich ließ mich von ihr nicht zurückhalten.

Schon vor der Zeit in Wiesbaden war ich einige Male mit Eduard in ein Hotel gegangen, und seit kurzem wußte ich, daß ich schwanger war. Vielleicht war das auch der Grund, warum Eduard mich nachkommen ließ. Ich durfte mich mit ihm aber immer nur heimlich treffen. Wenn er mit Tschitscherin im Park spazieren ging, lief ich wie ein Hündchen hinter den beiden her, immer bemüht, mich von Tschitscherin nicht sehen zu lassen. Also ich fürchtete immer, von ihm entdeckt zu werden. Dabei war Tschitscherin im Grunde ein guter Mensch. Schon im Krankenhaus hatte er öfter zu mir gesagt: »Fräulein Frieda, Sie gehören doch zu uns, in unser Land – dort wird es Ihnen besser gehen als hier.« Und er schwärmte davon, wie es dort den Frauen erginge. Erst später habe ich dann erlebt, daß es den Frauen dort auch nicht besser ging.

Eines Tages mußte Eduard plötzlich weg, innerhalb von vierundzwanzig Stunden sollte er das Land verlassen. Ich sollte mit ihm fahren. Aber ich brauchte, da ich noch nicht volljährig war, die Erlaubnis meines Vaters, daher telegraphierte ich ihm: »Bin schwanger, bitte um Ausreise-Erlaubnis.« Die erhielt ich dann auch. Nachts fuhren wir los. Es mag vielleicht seltsam anmuten, daß ich einfach mit ihm ging. Aber was hatte ich zu verlieren? Außerdem sagte Eduard, daß ich jederzeit, wenn ich wollte, zurückfahren könne – obwohl das in Wirklichkeit gar nicht so einfach gewesen wäre. Die erste Zeit war grausam. Wir wohnten bei Eduards zwei Schwestern, die richtige Hexen waren. Sie wollten nicht, daß ihr Bruder heiratet, vor allem nicht so ein junges Ding, wie ich es war, und sie machten mir in jeder Hinsicht das Leben schwer. Alles, was ich machte, war in ihren Augen falsch. Sie schimpften mit mir herum, verstehen konnte ich zwar nichts, weil sie lettisch sprachen, aber es war die Hölle. Schließlich zog Eduard mit mir auf die Datsche, damit ich zur Ruhe kam. Ich brachte ja jetzt auch mein Kind zur Welt, von dem ich mich aber bald trennen mußte. Ich hatte kurz meine Mutter besucht, und als ich wieder abreisen wollte, sagte sie zu mir: »Das Kind laß mal lieber hier bei uns. Du wirst dich in Rußland sicher nicht eingewöhnen.« Und da wir doch wieder bei den Schwestern wohnen mußten, ging ich auf den Vorschlag meiner Mutter ein. Es war wohl die beste Lösung. Aber die Trennung von dem Kind ist mir sehr schwer geworden, die erste Zeit habe ich dauernd geweint. Schließlich tröstete ich mich bei dem Gedanken, daß ich mein Kind, wenn es etwas größer war, wieder zurückholen würde. Ein zweites Kind, das ich haben sollte, habe ich aber abgetrieben.

Ich habe noch nicht gesagt, daß mein Mann mit Bersin verwandt war, dem damaligen Chef der Aufklärung der Roten Armee. Beider Mütter waren Schwestern, sie waren also Cousins. Bersins Frau war damals gerade für längere Zeit verreist, und ihr Sohn Andrjuscha war beim Vater geblieben. Die Ehe ging nicht gut, und das Ehepaar hoffte wohl, daß eine zeitweilige Trennung alles wieder ins Lot bringen würde, was aber nicht war. Als Bersin nun hörte, daß bei uns zu Hause, also bei den Schwestern, dauernd Unfrieden herrschte, bot er uns an, zu ihm zu ziehen, da er ja jetzt allein war. Er hatte eine große Wohnung in den Leninbergen. Wir drei haben uns gut verstanden, und wenn die beiden Vettern beruflich unterwegs waren, konnte ich inzwischen für Andrjuscha sorgen, der damals acht Jahre alt war.

Ich war viel allein. Eduard mußte einmal für einen vollen Monat in die USA fahren, dann sogar für über zwei Monate nach China. Und auch wenn er da war, wurde er häufig abberufen. Es kam vor, daß wir nachts plötzlich durch das Telefon aus dem Schlaf geschreckt wurden. Mein Mann zog sich dann hastig an und ging weg, ohne mir ein Wort zur Erklärung zu sagen. Er arbeitete damals bei Dzierzynski, bei der GPU. Später war er zwei Jahre lang Parteisekretär in einem Großbetrieb und dann wieder bei Tschitscherin, der aber kurz danach verstarb. Er hat bis zu seinem Tode nie erfahren, daß ich in Moskau war. Zu seiner Beerdigung bin ich mitgegangen, und auch jetzt gehe ich jedesmal, wenn ich in die SU fahre, an sein Grab. Das letzte Mal kam gerade eine Delegation vorbei, und einer der Teilnehmer sagte: »Der arme Kerl ist zur rechten Zeit gestorben.« Ich wußte, was er meinte, und habe ihm zugenickt. Hätte Tschitscherin länger gelebt, hätte man auch ihn verhaftet.

Seit einiger Zeit lebte auch mein Bruder in Moskau. Er arbeitete zunächst als Schweißer und dann als Taxifahrer. Eines Tages wurde er abgeholt, keiner wußte, warum. Zehn Tage später wurde Bersin verhaftet. Er war gerade aus Spanien zurückgekommen und hatte noch eine Einladung zu Stalin erhalten, der ihm den Lenin-Orden verlieh und ihm dringend zu einer Kur im Süden riet, um sein angegriffenes Herz auszukurieren. Er trat die Kur auch an, doch als er von dort zurückkam, warteten sie vor der Wohnung bereits auf ihn, rissen ihm alle Orden herunter und nahmen ihn mit. Ich habe später im Lager Bersins frühere Sekretärin getroffen, die mir weinend erzählte, daß sie bei der Vernehmung unbedingt unterschreiben sollte, daß Bersin ein Verräter sei. Sie hatte sich aber standhaft geweigert und hatte verlangt, bevor sie so etwas unterschreibe, zunächst mit Bersin sprechen zu können. Da habe man ihn auf einer Trage herbeigeschafft. Die Sekretärin erzählte, sie sei bei seinem Anblick zu Tode erschrokken gewesen. Sein Gesicht war furchtbar entstellt, und er habe nur immer geflüstert: »Unterschreibe, was sie von dir verlangen. Unterschreibe nur. Es ist doch alles egal.« – Das war das letzte Mal, daß sie Bersin gesehen habe, erzählte die Frau. Sie habe befürchtet, zusammenzubrechen. Sie werde den Anblick des armen geschundenen Körpers nie wieder los …

Eduard holten sie im Dezember ab. Er hatte gerade Urlaub. Am letzten Tag vor Arbeitsbeginn hatten sie ihn in die NKWD gerufen, aber er war nicht hingegangen. »Sollen sie mich von zu Hause abholen«, sagte er, »damit du weißt, wo ich bin.« Und so geschah es dann auch. Er war ganz gefaßt, als er ging. Er sagte, er wolle endlich erfahren, was da im

Gange sei. Und er hoffte auch, seinen lettischen Freunden, die schon vor ihm verhaftet worden waren, helfen zu können. Aber die waren schon alle tot. Zur mir sagte später der Untersuchungsrichter: »Sie haben acht schöne Jahre mit Ihrem Mann verlebt. Nun werden Sie dafür acht Jahre ins Lager kommen.«

Aber sie holten mich erst ein halbes Jahr später. Das war besonders schlimm, weil ich ja die ganze Zeit auf dem gepackten Koffer saß. Die anderen Frauen der verhafteten Männer hatten sie sofort geholt. Als sie dann wirklich kamen, eines Nachts im April, sagten sie nach einem Blick auf mein Zeug, das ich mir zurechtgelegt hatte: »Denken Sie vielleicht, wir werden Ihren Koffer tragen?« – Ich wußte ja, daß man nichts mitnehmen durfte, hatte aber dennoch etwas Bettzeug und meinen Ledermantel eingepackt. Seltsamerweise habe ich im Lager alles behalten dürfen. Doch zuerst kam ich in die Butyrka. Und hier eröffnete man mir sogleich, daß ich – ohne Gerichtsurteil – für acht Jahre in ein Lager käme. Sie legten mir viele Bogen vor, auf denen stand: »Mein Mann war ein Spion ... ein Verräter ... ein Vaterlandsverräter« und so weiter, eine lange Liste herunter. Ich fragte bloß kaltblütig: »Ist das alles?« – »Na, reicht das nicht?« erwiderten sie grob. »Und Sie sind verantwortlich für alles«, hieß es weiter. »Sie haben es gewußt und uns nicht informiert.« Und dabei blieb es, so viel man auch protestiert hat. Ich bat darum, in ein Lager zu kommen, wohin auch Eduard käme, aber da sagten sie mir: der sei schon da ... und sie zeigten nach oben. Ich weiß nicht mehr, wie ich in die Zelle zurückgekommen bin. Ich war da mit fünfzehn oder zwanzig Frauen zusammen, alles intelligente Menschen, Frauen von Professoren und Frauen aller Berufe, von der Schauspielerin bis zu Putzfrau. Im ganzen 6000 Personen. Wir in unserer Zelle haben gut zusammengehalten und uns gegenseitig getröstet, so gut es ging.

Ich kam nach Akmolinsk, das ist eine Siedlung in der Steppe. Das Lager hatte die Nummer 26. Alle Lager hatten nur Nummern. Unser Lager lag zwei Autostunden von Akmolinsk entfernt. Als wir ankamen, im Juli, mußten wir erst mal Baracken bauen. Dort in solcher Baracke habe ich acht Jahre gelebt, nein, neun Jahre, denn als Deutsche mußte ich noch ein Jahr länger bleiben. Wir lebten hinter Stacheldraht, wurden von Hunden bewacht. Zu meinem Glück schickten sie mich nach einiger Zeit zu einem Lehrgang für Landmaschinen; sie hatten mich dafür ausgesucht, weil ich vom Lande stammte. So konnte ich vorübergehend, zusammen mit acht anderen Frauen, zehn Kilometer vom Lager entfernt in der Steppe arbeiten. Wir haben uns dort eine Grube gegraben und wohnten unter der Erde. Ich fand die Arbeit in der Steppe angenehm, obwohl sie schwer war und fast unerträglich wegen der Mükkenplage. Aber wir waren wenigstens vom Lager weg und hörten nicht mehr das Hundegebell, bei dem man nachts nicht schlafen konnte.

Nach Kriegsbeginn mußten wir wieder zurück hinter Stacheldraht, in die »Zone«, wie alle Deutschen. Ich hatte zwar schon die sowjetische Staatsbürgerschaft, aber meinen Paß hatten sie mir abgenommen, und wenn ich gefragt wurde, woher ich kam und wo ich geboren bin, mußte ich ja den deutschen Ort angeben. Ich galt also als Deutsche. Meinen russischen Paß habe ich erst nach meiner Entlassung aus dem Lager zurückbekommen.

Ich hätte gern im Krankenhaus gearbeitet, da ich in der Pflege kranker Menschen schon einige Vorkenntnisse erworben hatte. Sie steckten mich aber in die Psychiatrie, in das »Verrücktenheim«, wie es allgemein genannt wurde. Dort habe ich einen Winter hindurch gearbeitet – bis ich selber in Gefahr war, verrückt zu werden. Die Frauen waren alle durchgedreht, sie konnten die Trennung von ihren Kindern nicht verwinden. Manche wickelten sich aus Lumpen irgend etwas zusammen, nahmen es auf den Arm und wiegten es wie ein kleines Kind. Andere kamen mit dem Töpfchen an, riefen ihr Kind herbei und setzten sich dann selber drauf, wenn niemand kam.

Unser Lagerchef war in Ordnung. Der hatte begriffen, daß wir alle unschuldig waren. Oft diskutierte er mit uns Frauen, vor allem mit den Kommunistinnen, die in der Partei waren. Die hat er oft angeschaut und gesagt: »Ihr Armen ...« Aber er durfte sein Mitleid nicht offen zeigen, sonst hätte man ihn ebenfalls eingesperrt. Erst als wir frei waren, haben wir manchmal zusammen mit ihm Kaffee getrunken. Gut, daß wir einen solchen Lagerchef hatten.

Natürlich dachte ich, als meine acht Jahre herum waren, ich sei jetzt frei. Aber ich kam nun zur Arbeit nach Karaganda, in die Kohlengruben. Dort lernte ich als Maschinistin mit der Lokomotive zu fahren und die Wagen durch die Kohlengruben zu lenken. Jeder Wagen war eine Tonne schwer, und ich mußte zwanzig Wagen bewältigen. Sie mußten vom Stollen zum Fahrstuhl gefahren werden. Es war eine schwere Arbeit. Unter meinen Kollegen waren viele Chinesen und Japaner, aber auch deutsche Kriegsgefangene. Denen habe ich manchmal ein paar Kartoffeln oder ähnliches zugesteckt, denn man sah ihnen an, daß sie hungerten. Mir ging es damals schon etwas besser, denn ich erhielt ein »Pajok« und ich bewohnte auch schon mit einer Kollegin zusammen ein Zimmer in der Baracke, das wir uns etwas hatten einrichten können. Verglichen mit der früheren Lagerbaracke war es hier direkt paradiesisch. Noch jetzt träume ich manchmal von jenen ersten Barakken, in denen an die zweihundert Frauen zusammengepfercht waren. Heizbar waren sie nicht, nicht einmal bei 50 Grad Kälte – ein Wunder, daß wir nicht alle erfroren sind. Nur einmal ist eine Frau erfroren: sie war nachts auf die Toilette gegangen, die ein Stück entfernt von uns lag, hatte aber im Sturm ihre Brille verloren und konnte den Rückweg nicht finden. Sie ist elendiglich umgekommen. Aber wir anderen haben uns gegenseitig mit unseren Körpern gewärmt. Trotzdem konnte man vor Kälte nicht schlafen. Im Sommer dagegen quälten uns die Wanzen. Oft sind wir mit unseren Strohsäcken draußen herumgelaufen auf der Suche nach einem Ort, wo man ein paar Stunden schlafen konnte. Und wenn es dann Tag wurde, machten uns wieder die Mücken zu schaffen.

Und all die Jahre über hat dir nichts als das Bett

gehört, also die drei Bretter und der Strohsack. Zugedeckt haben wir uns mit einer Pferdedecke. Ja, und dann hatten wir noch die Wattejacke und die Wattehose – aber nichts zum Wechseln. Und dann das ewige Einerlei. Früh um fünf wird geweckt. Danach ist Zählappell in der Kälte. In der Kantine gibt es einen halben Liter Hirsesuppe, die fast nur aus Wasser besteht, und die Brotration für den Tag. Ich bekam 800 Gramm, aber wer die Norm nicht erfüllte, erhielt nur 600 Gramm oder weniger. Zu Mittag gibt's eine Krautsuppe und abends wieder die Hirse. Und das acht oder sogar zehn Jahre lang, immer dasselbe.

Man hat mich oft gefragt, ob wir geschlagen wurden. Nein, im Lager gab es keine Grausamkeiten. Man konnte nur wegen jeder Lappalie in den Karzer kommen. Der drohte uns ständig. Da ist man in einem besonderen Raum völlig isoliert, bekommt dort auch sein Essen, sieht keinen Menschen, viele Tage lang. Das kann einen fertigmachen. Aber im Gefängnis habe ich Frauen gesehen, die mußten bis zur Hüfte im Wasser stehen, und von oben tropfte ihnen das Wasser ständig auf den Kopf. Man quälte sie, weil sie nicht unterschreiben wollten. Zuletzt haben sie doch alle unterschrieben, daß ihre Männer Verräter waren. Hinterher machten sie sich bittere Vorwürfe.

Das war überhaupt schlimm, das Schuldgefühl, das sie alle hatten, denn sie wußten doch, daß ihre Männer schuldlos waren. Sie schimpften auf Berija, den sie alle haßten. Daß sie Stalin selbst ihr Schicksal verdankten, hätten sie nie gedacht. Als Stalin starb, haben sich die meisten Frauen halbtot geheult.

Ich war in Karaganda für »lebenslänglich«. Nach acht bis zehn Stunden schwerer Arbeit war ich abends frei, konnte tun, was ich wollte. In unserer Baracke wohnten viele Jugendliche, fast nur Ukrainerinnen; ich war die einzige Deutsche. Aber nie hat mich eine als Faschistin beschimpft oder mich nur scheel angesehen. Sie sahen ja, ich schuftete mit ihnen zusammen, und genau so hart. Oft sagten sie zu mir: »Es tut uns leid, daß du in unserem Land so viel aushalten mußt. Du bist doch keine Verräterin. Nun gut, für dein Land bist du eine Volksfeindin, aber bei uns doch nicht. Aber warum bist du hier?« – Ich konnte darauf nicht antworten. Ich wußte es selber nicht.

Als ich einmal von der Arbeit in die Baracke kam, winkte mir eins der Mädchen schon von weitem zu: »Du hast einen Brief!« – Der Brief war von meiner Mutter. Ich hatte einem deutschen Kriegsgefangenen, der nach Hause fuhr, die Adresse meiner Eltern mitgegeben, und er hatte meinen Brief wirklich abgeschickt. Nun bekam ich das erste Lebenszeichen! In dem Brief lag auch ein Foto, das ich natürlich zuerst ansah. Die alte Frau auf dem Bild, das mußte Mutter sein, obwohl ich sie fast nicht erkannt hätte, so krank und hinfällig sah sie aus. Neben ihr stand mein Bruder, der also, wie ich daraus ersah, schon nach Deutschland zurückgekehrt war. Er hielt ein Kind auf dem Arm, und neben ihm stand eine junge Frau. Aha, mein Bruder hat geheiratet, dachte ich; das wird also seine kleine Familie sein. Nun erst überflog ich den Brief. Aber schon nach den ersten Zeilen ließ ich die Blätter sinken, zog das Foto wieder zu mir heran und betrachtete das Bild genauer. Ich konnte einfach nicht glauben, was mir die Mutter schrieb: daß die junge Frau an der Seite meines Bruders – meine Tochter war! Sie war inzwischen einundzwanzig Jahre alt, und die beiden lebten seit kurzem zusammen. Ich las den Brief wieder und wieder, nahm an, daß meine Mutter sich verschrieben hätte, wollte es einfach nicht glauben. Und erst als meine Mitbewohnerin den Brief gleichfalls las und mir bestätigte, daß es so war, fand ich mich mit der Tatsache ab. Mutter hatte noch geschrieben, daß mein Vater in der Zwischenzeit gestorben war. Sie lebte mit meinem Bruder und meiner Tochter in großer Eintracht.

Ich habe erst viel später erfahren, wie es zu der Verbindung gekommen ist. Mein Bruder hatte eine Odyssee hinter sich, hatte viel Schreckliches erfahren müssen. Er wurde ja gleichfalls verhaftet und kam in ein Lager in Kolyma. Er hatte sich vorher zwar um die sowjetische Staatsbürgerschaft bemüht, hatte sie aber nie erhalten, so daß er weiter als Deutscher galt, was in seinem Fall seine Rettung bedeutete. Denn als sich meine Eltern um seine Freilassung bemühten, wurde er tatsächlich aus dem Lager entlassen. Es gelang ihm aber erst nach vielen Irrwegen, nach Krankheit und erneuter Gefängnishaft, endlich das Dorf zu erreichen, in dem meine Mutter und meine Schwester lebten. Als er dort ankam, waren beide gerade auf dem Feld. Mein Bruder schlich sich in ihre Nähe und versteckte sich auf dem Heuwagen. Als meine Mutter ihn später dort entdeckte, wäre sie vor Schreck fast in Ohnmacht gefallen! Rasch haben sie meinen Bruder dann unterm Heu versteckt, ins Haus geschmuggelt, und nun erst lernte er dort auch meine Tochter kennen; die beiden hatten einander vorher noch nie gesehen. Als später die Polen ins Dorf kamen, wurde meine Tochter verschleppt. Das heißt, sie war mit dem Rad ins Nachbardorf gefahren und kam von dort nicht zurück. Über eine Woche lang bemühten sie sich, etwas über sie in Erfahrung zu bringen, doch ohne jeden Erfolg. Bis ihnen endlich eine Frau erzählte, sie hätte das Mädchen dort und dort in einem Keller gesehen – offenbar halte es sich dort versteckt. Mein Bruder fuhr dann hin und hat sie vor den Polen beschützt – und so sind die beiden zusammengeblieben. Später übersiedelten sie mit meiner Mutter nach Sachsen, von wo mir die Mutter auch geschrieben hatte. Nun konnte ich endlich etwas Hoffnung schöpfen. Vielleicht kam ich doch von hier weg, zumal inzwischen Stalin gestorben war. Denn wir fragten uns ja alle: was geschieht nun mit uns? Aber schlimmer, als es war, konnte es wohl nicht mehr kommen. Dennoch war ich mißtrauisch, und ich hielt es zuerst für einen schlechten Scherz, als ein Uniformierter bei mir erschien und mich fragte: »Hätten Sie Lust, wieder in Ihre Heimat zu fahren?« – Ich versetzte nur schnippisch: »Warum nicht? Ich führe gerne nach Moskau.« – Ich dachte immer noch, er macht sich nur einen Spaß mit mir. Aber er erwiderte ganz ernst: »Stellen Sie den Antrag, daß Sie nach Moskau wollen. Sie bekommen dann dort eine Wohnung zugewiesen. Ihr Mann wurde rehabilitiert. Und Sie sind es auch. Sie werden in Moskau Ihre Papiere erhalten, und wenn Sie wollen, können Sie in Ihre alte Heimat fahren.«

Meine alte Heimat? Ja, wo war denn die? Vor meiner Verhaftung hatte ich in Moskau gewohnt. Aber in unserem früheren Haus wohnten jetzt andere Leute. Die Schwestern meines Mannes waren nach Riga übersiedelt und hatten auch alle meine Sachen mitgenommen. Ich zog also zunächst zu Freunden, bis ich meine Rehabilitierung bekam und auch die Rente von meinem Mann gerichtlich durchsetzen konnte, was zunächst schwierig war, da wir nie verheiratet gewesen waren. Aber vor Gericht traten alle unsere früheren Bekannten auf, die noch geblieben waren, und bezeugten, daß wir wie Mann und Frau miteinander gelebt hatten. Sie verhielten sich wirklich solidarisch zu mir. Ich bekam dann auch eine ganz schöne Summe, für die ich mir zunächst ein paar Möbel kaufte, denn ich bewohnte inzwischen ein hübsches Balkonzimmer in einer Zweiraumwohnung. Für den Rest des Geldes erstand ich aber eine Fahrkarte nach Deutschland, denn es zog mich nun doch dahin, um zu sehen, was die Deutschen nach dem verlorenen Krieg aus ihrem Land gemacht hatten. Ich fuhr in die DDR.

In Berlin wohnte ich zuerst bei einer Frau, die ich schon im Lager kennengelernt hatte. Sie ging mit mir zu allen Ämtern, um meine endgültige Übersiedlung vorzubereiten. 1957 kam ich dann wirklich hierher zurück. Seitdem habe ich eine gute Wohnung, bin finanziell gesichert und müßte eigentlich rundum zufrieden sein. Aber ich konnte mich zuerst nicht einleben. Ich war nicht mehr gewöhnt, deutsch zu sprechen, sprach nur russisch, und mir fehlten Freunde, mit denen ich mich aussprechen konnte, die mich verstanden, die alles mit mir zusammen durchgemacht hatten. Ich hatte furchtbares Heimweh. Das klingt vielleicht merkwürdig nach allem, was ich in der SU habe erleiden müssen, aber es ist die reine Wahrheit. Ich habe dort drüben so gute Menschen getroffen: aufrichtige Leute, mit denen man über alles reden kann, selbst über die intimsten Dinge. Da ist zum Beispiel Nina, die ich jedes Jahr besuche; mit ihr war ich zusammen in einer Zelle. Nina war die Frau eines Konsuls. Sie war mit ihrem Mann drei Jahre in Japan, in Tokio, dann in Shanghai und danach in New York. Alles während der Stalinzeit. Sie hatten zwei Söhne, die, als sie verhaftet wurde, einer ihrer Brüder zu sich nahm, was Nina aber nicht wußte. Sie fürchtete immer, daß ihre Söhne von anderen Familien adoptiert worden waren und daß sie sie niemals wiedersähe. Sie war fast verrückt vor Schmerz, raufte sich die Haare aus, ihre Brust war geschwollen – ich habe das alles zusammen mit ihr durchgestanden. Das verbindet für immer. Und nun kommt das Schrecklichste – als hätte diese Frau noch nicht genug gelitten: Als sie nach ihrer Freilassung zu ihrem Bruder kommt, findet sie dort wirklich ihre beiden Söhne vor. Der ältere, der ihr ein und alles war, fällt ihr um den Hals, ist offenbar so völlig außer sich, so tief erregt, daß er einen Gehirnschlag erleidet und auf der Stelle tot umfällt. So grausam kann das Schicksal sein. Nina hat nun nur noch den jüngeren Sohn, der verheiratet ist und zwei Kinder hat. Diese Familie ist ihr ganzer Halt.

Aber es gibt auch andere Menschen in Moskau; Leute, die noch immer nichts dazugelernt haben. Im vorigen Jahr besuchte ich mit Nina ein Restaurant, in dem vornehmlich alte Bolschewiki verkehren. Dort saßen auch welche mit vielen Orden auf der Brust. Die sagten: »Wir werden Stalin rehabilitieren. Ich sterbe nicht eher, bis Stalin rehabilitiert ist.« – Ich war so empört, daß ich ihm laut entgegnet habe: »Sie Dummkopf sollten schon morgen sterben, wenn Sie so dämlich sind. Sie haben wohl gar nichts mitgekriegt.« – Der hat mich ganz erstaunt angesehen. Aber im Restaurant hat er sich nie wieder blicken lassen.

Ja, und ich versuche mich hier in meiner alten, neuen Heimat so gut wie möglich nützlich zu machen. Ich bin im Wohngebiets-Ausschuß der Nationalen Front, in der Hausgemeinschaftsleitung, in der Deutsch-Sowjetischen Freundschaft. Außerdem betreue ich im Haus eine alte Frau, die schon über neunzig ist. Auch für andere, die behindert sind, gehe ich einkaufen oder erledige für sie einige Besorgungen. So versuche ich, das Beste aus meinem Leben zu machen – aus den wenigen Jahren, die mir noch geblieben sind.

Ein Mädchen für die Revolution

Unter dieser Überschrift sollte hier der Lebensbericht von Erna K. erscheinen, mit der ich schon am 2. Mai 1989 ein ausführliches Tonbandgespräch führte. Erna, die seit Ende der zwanziger Jahre aktives Parteimitglied war, hat ein schweres Leben hinter sich, dessen Stationen sie mir in großer Offenheit anvertraut hat. Dafür schulde ich ihr Dank. Sie wußte, daß ich ihren Bericht, sowie es eines Tages möglich sein würde, auch veröffentlichen wollte. Doch als ich ihr später das Manuskript zur Kenntnisnahme übersandte, erhielt ich von ihr, unter dem Datum des 26. Oktober 1989, eine überraschende Absage. Ich will ihren Brief hier auszugsweise wiedergeben:

»Werte Genossin! Ich hoffe, daß Du mir nicht böse sein wirst, wenn ich Dich bitte, den Beitrag über mein Schicksal in der Zeit des Personenkults in der Sowjetunion nicht in Dein Buch aufzunehmen. Seit meinem 15. Lebensjahr bin ich mit der revolutionären Arbeiterbewegung verbunden, und die Ereignisse der letzten Zeit in unserem Land und in anderen sozialistischen Ländern erschüttern mich tief. Es wird viel Arbeit für alle aufrichtigen Sozialisten und Kommunisten geben, diese Krise – entgegen den Hoffnungen der kapitalistischen Welt – zu überwinden und das Vertrauen zum Sozialismus und seine geschichtliche Mission zu stärken. In dieser Situation sind die schlimmen Erinnerungen an die Zeit des Stalinismus, die nun schon mehr als ein halbes Jahrhundert zurückliegen, zwar nicht in meinem persönlichen Leben vergessen, aber heute ohne Bedeutung und brächten nur Verwirrung in die Bevölkerung.«

Mein Antwortbrief vom 5. November 1989, in dem ich natürlich versucht habe, Erna umzustimmen, hat folgenden Wortlaut:

»Dein Brief, liebe Freundin, hat mich sehr betroffen gemacht, zumal ich Deine Einwände gegen eine Veröffentlichung durchaus nicht teilen kann. Gerade jetzt, wo unser Volk sich endlich für mündig erklärt, ist es wichtig und unerläßlich, die weißen Flecken in unserer Geschichte – in unserer und in der der Sowjetunion – endlich auszufüllen und den Menschen die Wahrheit zu sagen, die ihnen übrigens aus den westlichen Medien längst bekannt sein dürfte. Aber es ist notwendig, daß sie sie ungeschminkt und umfassend von uns erfahren! Ganz wichtig finde ich auch, daß Euch nach so langer Zeit des Schweigens endlich Gerechtigkeit widerfährt und daß Ihr als Opfer des Stalinismus auch in der Öffentlichkeit anerkannt werdet! Ich hoffe daher aus ganzem Herzen, daß Du Deine Meinung ganz besonders im Hinblick auf die letzten Ereignisse, die uns ja nur mit Hoffnung erfüllen können, noch einmal überdenkst und daß Du zu einem anderen Ergebnis kommst. Die vielen jungen Menschen mit ihrem wachen Verstand, die in den letzten Wochen auf die

Straße gingen und uns ihre Forderungen zuriefen, haben ein Recht auf Wahrheit – und die Wahrheit haben wir alten Sozialisten doch stets auf unsere Fahnen geschrieben. Wir haben sie leider nur allzu lange verdrängt, immer aus Rücksicht auf unsere gute Sache.«

Leider beharrte Erna, wie sie mich mit einem zweiten Brief wissen ließ, weiter auf ihrer Meinung, so daß mir nichts anderes übrigbleibt, als ihre Weigerung zu respektieren. Aber ich verstehe sie nicht. Inzwischen ist die Entwicklung in unserem Land rasant vorangegangen, und schon ist in das Dunkel jener Jahre etwas Licht gedrungen. Von Helmut Damerius, dem ehemaligen Leiter der »Kolonne Links«, der mit seiner Gruppe ebenfalls ein Opfer der Stalinschen Verbrechen wurde, werden nächstens seine Erinnerungen erscheinen, die er noch kurz vor seinem Tode niedergeschrieben hat und von denen wir Auszüge kürzlich in den Berliner »Kammerspielen« hören konnten. Und heute, da ich diese Zeilen schreibe, erschien im »Neuen Deutschland« unter der Überschrift: »... unter falschen Anschuldigungen verhaftet. Das Schicksal deutscher Kommunisten im sowjetischen Exil« ein Bericht des Historikers Professor Dr. Wimmer, der eine lange Liste deutscher Kommunisten enthält, die in den dreißiger und vierziger Jahren in der Sowjetunion verhaftet und erschossen wurden. Das Schweigen ist also gebrochen, endlich! Viele der Betroffenen, die in den fünfziger Jahren zu uns zurück kamen, leben nicht mehr. Andere, wie Erna, wollen immer noch schweigen. Glauben sie, damit die furchtbaren Ereignisse ungeschehen zu machen? – Unwillkürlich fällt mir ein, was mir eine frühere Insassin der Butyrka, die gleichfalls schon tot ist, einmal erzählt hat. Sie gehörte zu den politisch bewußten Frauen unter den Häftlingen, die sich – glühende Kommunistinnen, die sie waren – ihre Festnahme nur durch einen schrecklichen Irrtum zu erklären versuchten. Und als sich eines Tages eine Zellengefährtin darüber beklagte, daß man sie bei der Vernehmung geschlagen hätte, waren sie über die angebliche Diffamierung der NKWD so empört, daß sie nicht länger mit dieser Frau in einer Zelle bleiben wollten. Sie verlangten vom Wachhabenden, die Frau in eine andere Zelle zu verlegen. Und als ihrer Bitte nicht entsprochen wurde, verstießen sie die Unglückliche aus ihrem Kreis, richteten nie mehr ein Wort an sie, bis ... ja, bis sie eines Tages die Brutalität der Vernehmenden am eigenen Leibe zu spüren bekamen.

Es hilft also nichts, den Kopf in den Sand zu stekken. Wir müssen die Wahrheit sagen, auch wenn sie noch so bitter ist.

Inhalt